UNIVERSITY OF NORTH CAROLINA
STUDIES IN THE ROMANCE LANGUAGES AND LITERATURES
Number 93

JACQUES DE LA TAILLE'S

LA MANIERE

JACQUES DE LA TAILLE'S
LA MANIERE
A CRITICAL EDITION

BY

PIERRE HAN

CHAPEL HILL

THE UNIVERSITY OF NORTH CAROLINA PRESS

DEPÓSITO LEGAL: V. 3.255 - 1970.

ARTES GRÁFICAS SOLER, S. A. - JÁVEA, 28 - VALENCIA (8) - 1970

CONTENTS

TO LOUISE AND AIMÉ DURETZ:

—Or qui voudrait toutefois juger par les apparences:
si c'est par toutes, il est impossible, car elles
s'entr'empêchent par leurs contrariétés et
discrépances, comme nous voyons par expérience.—

MONTAIGNE

INTRODUCTION

In general, Renaissance criticism revealed a marked enthusiasm for classical and humanistic doctrines. At the same time, however, there existed an opposing force, a healthy antidote, which regarded any incipient doctrine with skepticism. The idea of experimentation was nowhere more apparent than in the metrical discussions which formed the basis for more critical principles during the century following.

In Italy the history of Renaissance letters was dominated by the influence of the *accademia*. Numerous centers of discussion sprouted mushroom-like to meet the problems created by the new cultural outlook, whether the spirit behind such a movement was for mutual encouragement or for the establishment of an intellectual elite.[1]

---

[1] Arnaldo della Torre in his *Storia dell'Accademia Platonica di Firenze* (Firenze, 1902), p. 14, gives an excellent account of the spirit which motivated the academicians: "L'antico adagio *nil sub luna novi,* se in altri mai argomenti, trova una completa applicazione in quell che riguarda la Academie. Se per Accademia infatti noi intendiamo in senso largo una raunanza di uomini dotti che si ritrovano a convengo —scano o no questi convegni periodici ed a scadenza fossa— per discutere sopra un suggetto d'erudizione, ciascuno contribuendo alla commune istruzione i lumi della propria dottrina, come si potrà egli pretendere di limitarne l'invenzione all' Italia? La dottrina implica sempre da un lato il desiderio di farne parte a gli altri, se non sempre per il nobile scopo di istruire che è ignorante, almeno per quello egoistico di farne pompa davanti a che non ne possiede, dall'altro lo spirito della disputa sia nella forma della discuzzione scientifica collo scope della correzione ed istruzione reciproca, sia nella foma della polemica deitro l'impulso della vanagloria e dell' ambizione litteraria: se si suppongono perciò a contatto degli uomini eruditi, non si potrà negare che essi inevitabilmente finiranno per restunarsi e dotti convegni. E siccome degli uomini eruditi e dediti alla scienza se ne trovano e fuori e prima che in Italia, così bisogna ammettere che prima che nel nostro paese e altrove fiorissero di cosiffatte radunanze."

Although the main concern was for the propagation of philosophical doctrines, the academy placed great emphasis upon the ancillary studies of philology and literature. [2] A survey of experiments in quantitative verse discloses the relations of prosodical questions to those of the Italian academies.

Jacques de La Taille's efforts belonged to a general movement centered in the dissemination of new ideas and principles. By the time the *Pléiade* had put its ideas into motion, the Renaissance had long reached its prime in Italy. Classical and Italian elements were rapidly permeating French letters: this dual strain hastened the search for new subjects, new genres and new possibilities for metrical experimentation. The poetical extravagances of the *rhétoriqueurs*, and, to some extent, those of Clément Marot —who had stressed poetry as a form of exterior ornament, as an *ars versificandi*— were discarded. [3] Renaissance Neo-Platonism, stressing as it did the divine element in poetry, gave ample scope for the glorification of the poet. [4] Not only did this new school imitate the ancients, but it also

---

Additional material for a discussion of the Italian academy will be found in Michele Maylender, *Storia dell' Accademie d'Italia*, 5 vols. (Bologna, 1926-30); Giovanni Mario Crescimbeni, *L'Istoria della volgar poesia* (Roma, 1714); Giovanni Battista Alberti, *Discorso dell' origine delle Accademie publiche e private* (Genova, 1639); and for the influence of the Italian upon the French academies Frances, A. Yates, *The French Academies of the Sixteenth Century* (London, 1946).

[2] Cf. Yates, *op. cit.*, p. 4: "The idea of the 'rebirth' of classicism is associated in Renaissance minds with notions of religious generation and rebirth which are of medieval and christian origin, and thus there is an intimate connection between the deep religious seriousness of Florentine Neo-Platonism and the outburst of intellectual and artistic activity which accompanied it." For bibliography on philological discussions, see Speron Speroni, *Les Dialogues*, especially "Le Dialogue des Langues." trans. Claude Gruget (Paris, 1551); Pierfrancesco Giambullari, *Il Gello* (Fiorenza, 1546); Scipion Baragli, *Il Turamino* (Siena, 1602); Alessandro Citolini, *Lettera in difesa de la lingua volgore* (Vinegia, 1540); and works of Trissino, *Epistola del Trissino de le lettere nuovamente aggiunte ne la lingua italiana, Dubbi Grammaticali di Giovan Giorgio Trissino, Il Castellano, La Gramatichetta* in Trissino, *Tutte le Opere* (Verona, 1729), Vol. II.

[3] For the medieval background see Edmond Faral, *Les Arts poétiques du XIIe et XIIIe siècles* (Paris, 1924); Edouard Langlois, *Recueil d'arts de seconde rhétorique* (Paris, 1920); Henri Chamard, *Les origines de la poésie française de la Renaissance* (Paris, 1920). Cf. C. S. Baldwin, *Medieval Rhetoric and Poetic* (Cambridge, 1928), especially pp. 151, 153-55; Richard B. McKeon, "Medieval Rhetoric." *Speculum* XVII (1942). pp. 1-32.

[4] Cf. Henri Chamard's comments on the *Deffence* in *Histoire de la Pléiade*, Vol. I, (Paris, 1939); p. 204: "Le petit opuscule de 1549 est un

pursued a robust and vigorous defense of the vernacular.[5] Despite the negative verdict of the critics concerning quantitative verse in the French language, experiments in this area were the direct result of humanistic curiosity.[6]

Uneven and sporadic as the development of quantitative verse may be, it is best understood under the threefold division of imitation of the classical forms of prosody, the analogy between music and poetry, and the defense of the native tradition in vernacular poetry.

I

Jacques de La Taille's LA MANIERE DE FAIRE DES VERS EN FRANÇOIS, COMME EN GREC ET EN LATIN involves a very specialized and complex issue which preceded the emergence of literary criticism as a respectable discipline in the literary and cultural life of Renaissance Europe.[7] This unique document illus-

---

plaidoyer magnifique, chaleureux, enthousiaste, qui célèbre excellemment la beauté, la dignité, disons le mot, la sainteté de la poésie. C'était la première fois chez nous que quelqu'un avait le cœur si pénétré de sa grandeur auguste, parlait avec cette éloquence de son pouvoir sacré, de sa divine mission."

[5] In his study, *Pierre de Ronsard et l'Humanisme* (Paris, 1921), pp. 7-8, Pierre de Nolhac claims that it was Ronsard's native genius which enabled him to resist the temptation to write all works in the classical languages. Nevertheless, the school of Ronsard and those connected closely with this group had written in Latin. "suivant l'exemple de Du Bellay, toute l'école de Ronsard a poétisé en latin. Sans parler de Jean Dorat, dont les vers français ne comptent guère, ni de Marc-Antoine de Muret, qui commentait en français les sonnets du maître et composait ses *Juuenalia* à la façon d'Horace et de Catulle, il y a des poésies latines de Jodelle et de Pontus de Thiard; Baïf a recueilli tardivement des *Carmina,* souvent heureux et a tiré quelque vanité; Remi Belleau a fait imprimer des vers macaroniques assez habiles et traduit des sonnets de Ronsard en distiques élégiaques... Il n'est point téméraire d'affirmer que leur chef a couru lui-même, au temps de ses débuts, le risque d'être un poète bilingue et qu'il a été tenté à son heure par les lauriers faciles de l'Humanisme."

[6] Cf. Hugo P. Thieme, *Essai sur l'histoire du vers français* (Paris, 1916), p. 36: "L'on verra que la question de la culture classique qui a pénétré tout le système de l'éducation avait la versification pour point de départ. Ses origines remontent aux efforts de quelques poètes pour écrire du vers sans rimes." This work is especially rich in bibliography for studies in French metrics.

[7] A perceptive discussion of term "renaissance" will be found in B. L. Ullman, "Renaissance — the Word and the Underlying Concept." *SP,* XLIX

trates the direct, if somewhat naive, result of humanistic concern with imitation, the common problems that were raised when classical authority was brought into contact with vernacular standards. [8] The whole question of classical and vernacular dates back to the beginning of the fourteenth century. In the *De Vulgari Eloquentia* Dante's manifest purpose had been to establish the Italian language on an equal basis with Latin. [9] The crux of La Taille's treatise was an attempt to resuscitate rules for quantitative prosody practiced by Greek and Roman prosodists and to apply them to contemporary poetry which, in the eyes of certain humanists, had fallen into a condition that might be described as disreputable.

Although in the late nineteenth century Theodor Rücktaschel paraphrased in German the basic concept of La Taille's treatise, no edition of LA MANIERE has appeared since its initial publication in 1573. [10] As the text is found only at the *Bibliothèque Nationale* in two formats —*Réserve*: Ye. 4272 and Ye. 1818-1822— it is far from accessible even to the student of Renaissance literary criticism. The *dossier* of La Taille is incomplete. Its very sparseness on certain points is an incentive for further speculation and investigation.

The epitaph of La Taille composed by his brother Jean,

(April, 1952), pp. 105-118. Cf. Ferguson, *op. cit.*; P. O. Kristeller, *Studies in Renaissance Thought and Letters* (Roma, 1956), and *The Classics in Renaissance Thougth* (Cambridge, 1955).

[8] Cf. Kristeller, *Studies in Renaissance Thought and Letters,* pp. 14-15; 490. For a discussion of classic and vernacular see also E. J. Sweeting, *Early Tudor Criticism* (Oxford, 1940), pp. 87-88; Crane Brinton, *Ideas and Men* (New York, 1950), pp. 263-64; Izora Scott, *Controversies over the Imitation of Cicero* (New York, 1910); W. H. Woodward, *Desiderius Erasmus Concerning the Aim and Method of Education* (Cambridge, 1904); and "A Letter of Syr. J. Cheekes to his loving friend Mayster Thomas Hoby," in Baldassare Castiglione, *The Book of the Courtier,* trans. Thomas Hoby (London 1900), pp. 12-13. La Taille's work in a relatively late critical text dealing with quantitative verse, a movement which begins as early as the fifteenth century in Italy.

[9] Cf. *De Vulgari Eloquentia,* in Dante Alighieri, *Le Opere Minori* (Firenze, 1938). Book I deals with language in general; the unfinished Book II is concerned more specifically with problems of style.

[10] Theodor Rücktaschel, *Einige Arts poétiques aus der zeit Ronsard's und Malherbe's* (Leipzig, 1889), gives a brief synopsis of the text of La Taille without offering any critical insights. In no sense of the word is it to be considered an edition, much less a "critical" edition.

> Avec son Iliade ici gist un Homere
> Mort jeune, mort chetif, mort sans qu'on aye sceu
> Quil ayt sceu quelque chose, & mort sans qu'il ayt peu
> Estre cognu sinon de luy & de son frere.
> Il est mort si à coup, que la peste meurtriere
> Qui mesmes l'a tué ne l'a cognu ni veu
> Car le cognoissant bien, eust-elle bien voulu
> Esteindre de ce tempts la future lumiere!
> O quelle perte en France! ô Peste, qu'as-tu fait!
> Mais pour le moins, Passant, ce meurtre est imparfait,
> Restant encor son frere, ainsi luy mesme ce semble,
> Qui jure luy servir de vangeur & d'amy
> Et qui vivant de pleurs, ne vit qu'à demy,
> Car tous deux ne vivoient que d'un esprit ensemble.

is a characteristic lament for the untimely death of a talent whose intellectual gifts bore great promise. [11] Born in 1542 at the chateau of Bondaroy in Beauce, Jacques de La Taille died at the age of twenty during the plague fo 1562. [12] At Paris, either in 1557 or 1558, he came under the tutelage of the noted scholar Jean Dorat who had been named professor of Greek at *Collège Royal*. As a consequence he composed tragedies, comedies, and poems which were, according to his brother, "selon la vrai, et la façon antique." Of the surviving posthumous works, the corpus includes a few poetical fragments, LA MANIERE, and two tragedies, *Alexandre* and *Daire*. Based on the Senecan tragedies of revenge, the dramas of La Taille varied from the decasyllabic couplet of *Daire*,

> Qui je veux demeurer solitaire,
> Rien ne peut que le déplaisir plaire.

to the alexandrine of *Alexandre*:

> Va, va; ô fier tyran, ta fière tyrannie
> Sera, par des gens fiers, bien fièrement punie. [13]

---

11 Jean de La Taille, *La Famine, ou les Gabeonites, ensemble plusieurs autres oeuures poetiques de Iehan de la Taille de Bondaroy* (Paris, 1573), pp. 58v-59 — hereafter referred to as *Œuvres*.

12 Cf. Prosper Marchand, *Dictionnaire historique, ou Mémoires critiques et littéraires* (La Haye, 1758), Vol. I of 2 vols., p. 87, footnote H.

13 See J. B. A. Suard, *Mélanges de littérature* (Paris, 1804), p. 72.

Jean de La Taille alluded to other tragedies entitled *Athanant, Progné, Niobé,* and an untitled comedy, the manuscripts of which were lost during his own lifetime. Neither in the family archives nor in the public registers are any traces to be found of these lost works. In publishing his brother's posthumous works, Jean utilized the opportunity to praise the militant humanist who had taken up the challenge of the quasi writers who were debasing the standard of contemporary French letters.

Had it not been for the efforts of his brother Jean (c. 1540-1608), Jacques' works might have remained completely unknown to posterity. The elder La Taille, who had studied the humanities under Marc-Antoine Muret and law under Anne de Bourg, was best known for such works as *Saül le furieux, Le Courtisan retiré, Le Négromant,* and *Les Corrivaux.* [14] Having acquired a respectable name for himself in Renaissance drama, he transmitted the spirit of humanism to his brother whom he praised as having the "gravité de Ronsard, la facilité du Du-Bellay, et la promptitude de Jodelle." Although Jean claimed to have introduced his brother to the poetical works of Ronsard and Du Bellay, there was no evidence that the younger La Taille had, in his Paris sojourn, been in personal contact with the active members of the *Pléiade.* [15]

Although it is doubtful that Jacques de La Taille would ever have gained an international reputation as a dramatist or poet, there remains his critical text which offers an insight into the psychology of humanistic thought. This isolated document provided concrete proof of the many oblique manifestations of the principle of imitation, a consequence of logic pushed to esoteric limits. That the tenets of classical prosody could determine the formation of contemporary prosody and poetry was a dubious hypothesis, a "generous mirage that floated before the dazzled eyes of the classical scholars. Only

---

[14] Cf. Gustave Baguenault de Puchesse, *Jean et Jacques de La Taille.* (Orléans, 1889), p. 53.

[15] The most complete account of the poet's life and works, brief though it may be, is given by his brother, Jean de La Taille, in a preface ("Au Lecteur") to *Recueil des Inscriptions, Anagrammatismes, et autres Œuvres Poetiques de Jacques de la Taille, du pays de Beauce* which follows *Saul le Furieux, Tragedie prise de la Bible, Faicte selon l'art et a la mode des vieux Autheurs Tragiques* (Paris, 1572) which appeared in the 1573 edition of Jean de La Taille's *Œuvres.*

gradually was it realized that it was an illusion." [16] LA MANIERE, nevertheless, provided a guide for measuring the extent to which humanistic experimentation could be made compatible with the progress of contemporary prosody. The authority of classical precedent spurred vernacular prosodists to seek comparable standards, while the manifestos for quantitative verse animated a healthy spirit of controversy. Vernacular prosodists re-examined the basis of accentual and syllable-counting prosody; they sought to distinguish between quantity and accent; they evolved prosodical systems adequate to deal with most poetical exigencies.

II

The preface to La Taille's MANIERE is a typical example of the reformer's platform: a sense of futility at existing conditions and a determination to rectify past errors. The *Pléiade* had already shown its desire to reform French poetry and rid it of its undesirable medieval vestiges. When the poet was elevated to a place of repute in Renaissance society, a distinction was made between the true artist and the twopenny rimer whose sole purpose was to flood the market with scraps of verse. From the very beginning La Taille characterized poetry as an art of the learned ("doctes"), an art which had been lately overrun by rude imitators ("indoctes"). His procedure, he indicated, would be to restore the grandeur associated with Graeco-Roman literature. In order to limit this participation to a select minority, it would obviously be necessary to introduce a point of control which would eliminate undesirable verse writers and would-be artists. Since quantitative verse required the expenditure of considerable intellectual effort, it provided an obstacle to deter all but the most proficient in poetry.

To those unconvinced by such a drastic method, La Taille cited the weight of Du Bellay who had maintained that language was but a skeletal frame or scaffolding which had to be padded by "diligence" and "labeur" to assume definite shape — judgment and work being indispensable requirements for improving and perfecting a

---

[16] Warner F. Patterson, *Three Centuries of French Poetic Thought*, Vol. I (Ann Arbor, 1935), p. 637.

language. Custom and tradition determined the establishment of a precedent. If the medieval poets had chosen to admit the existence of quantity in their prosody instead of rime, such a practice would not appear unusual or even esoteric. If primitive Hebrew could utilize heroic quantitative verse, it was a foregone conclusion that French would be capable of similar experiments.

La Taille did not completely exclude rime as a metrical principle, but, in order to enrich and vary the language, he thought it expedient to initiate a tentative scheme the aim of which would be a fresh insight into the workings of the learned muse of poetry. If we are able to keep in mind the "tentative" quality of this treatise and its humanistic goal of recreating the poetic stature of the ancients, we may then grasp the validity of his original critical and linguistic contribution.

That he embarked upon alien territory in his analysis was immediately apparent. His basic plan was to write "sommairement de la quantité et mesure de nos syllabes, puis des pieds, et des vers, dont nous pourrons user, et finalement les figures et licences que nous pourrons rendre en iceux." As the main concern was to verify these principles, details of definition and of grammar and of related areas were to be intrusted to the skillful if somewhat meticulous hands of grammarians and pedants. The sole purpose of his treatise was to demonstrate that "nostre quantité n'est si malaisé à discerner qu'aucuns present ni mesmes tant que celle des Grecs et des Latins." Proceeding from the unproven hypothesis that the French language was congenial to such theorizing, he went on to formulate his hypothesis: "Mais avant que d'en déduire les raisons, nous commancerons à mesurer nos syllabes par les reigles plus generalles, et qui nous sont communes avec les Grecs et Latins."

In elaborating upon the nature of quantity, La Taille begins with the rule of classical prosody regarding length of syllables according to position. Ironically, though, but in accordance with many of his predecessors and contemporaries who were not aware of the nature and the place of the tonic accent in French, he applied under the name of tonic accent quantitative rules similar to those of classical prosody. [17] His own example, "debvoir," provides an illustra-

---

[17] For a discussion of the tonic accent in French, see Charles Thurot, *De la prononciation française depuis le commencement du XVIe siècle.*

tion. La Taille maintains that the first syllable of the word is short because in French the consonants *bv* are pronounced as if only one were sufficient. [18] Actually, the first syllable of "debvoir" is unaccented according to the tonic accent in French; according to classical rules of scansion, the first syllable of the word would be long as the vowel is followed by two consonants. What gives La Taille the right to explain quantity by accent?

The word "debvoir" is an interesting case, for it shows not only the morphological change which words underwent in their shift from Latin to French, but also the accentual problems which stirred the grammarians during the sixteenth century. The Latin verb "debēre," which ends in *ēre*, becomes *oir* in French, since the accented *e* is taken over into French as the phonetic sound *wa* or *wâ*, which is traditionally written as *oir*; the labial consonant *b* generally becomes the fricative *v* between two vowels. [19] Therefore, "debēre," which is accented on the second syllable in Latin, retains the same accent in French, thereby following the following law in French phonetics: "La voyelle, qui porte en latin l'accent d'intensité, persiste toujours en français." [20] "Debvoir" is, accordingly, accented on the same syllable both in French and in Latin (the last in French, the penult in Latin), irrespective of the prosodical quantity that La Taille would assign it.

Charles Thurot has noted the problem that confronted the grammarians of the sixteenth century, the discrepancy between classical and French accentuation:

> L'habitude que nous avons de lier étroitement par la prononciation les mots qui ne sont pas separés par une pause et d'y supprimer ou au moins d'y marquer à peine l'accent, le grand nombre de voyelles atones que nous prononçons

d'aprés les témoignages des grammairiens, Volume II (Paris, 1883), pp. 727-42 (For an excellent bibliography on French pronunciation, see Volume I (Paris, 1881), xxii-lxxxvii; Gaston Paris, *Etude sur le rôle de l'accent latin dans la langue française* (Paris, 1852), p. 13. Cf. Jean Palsgrave, *Eclaircissement de la langue française* (Paris, 1852), p. 46. For the classical rule of position see Charles Thurot and Emil Chatelain, *Prosodie latine suivie d'un appendice sur la prosodie grecque* (Paris, 1882), p. 2.

[18] For the spelling of the word "debvoir" see Charles Beaulieux, *Hstoire de l'orthographe française,* Volume I (Paris, 1927), p. 150.

[19] Edouard Bourciez, *Précis historique de phonétique française* (Paris, 1945), pp. 73-74, 77, 129, 227-28.

[20] *Ibid.,* p. 12.

longues, enfin la préoccupation de l'accentuation grecque
et latine, ont dissimulé pendant longtemps aux grammairiens français l'accent tonique de leur langue. Mais les
étrangers, en particulier les Anglais, et les Français qui
étaient en commerce avec eux, se sont de bonne heure aper-
çus que les Français ne donnaient pas l'accent aux mêmes
syllabes que les Anglais et appuyaient toujours sur la finale
des mots masculins et la pénultième des mots féminins. [21]

Indeed, there were grammarians who did not distinguish accent
from quantity and who described two sorts of accents: "l'un qui
se prononce fort long, l'autre qui se peut dire aigu encore que bref,
et ne sert qu'à bien faire entendre les sillabes." [22] Only under these
conditions, then, can La Taille's remarks on accent and quantity
be understood.

The sections on feminine syllables are in direct contradiction to
the tenets of classical prosody in which no distinction occurs between an unpronounced (feminine) and a pronounced (masculine)
syllable: the last syllable of a word such as "dire" is short since
unpronounced. What La Taille means is that the final syllable is
unaccented, the tonic accent falling on the first syllable. In the
section on accent he destroys completely the distinction between
quantity and accent. The concept is as follows: "Je te di que l'accent
te pourra monstrer la quantité en la penultiéme des polysyllabes,
car si elle a un ton cricumflexe (que les autres appellent declinant),
elle sera longue, mais on l'abbregera si en l'antepenultiéme il y a un
accent esleué, comme enrager, inciter, endommager. Si tu veus plus
amplement sçavoir des accens, je te renvoye au livre qu'en a fait
Est. Dolet, et à la Grammaire Françoise de Lois Meigret." He
admits that by accent one may discern the quantity on the penult
of polysyllabic words and, in order to extricate himself from this
dilemma, he refers the whole problem to the orthography of this
period: "Pour certain il n'est possible d'esclaircir exactement la
Prosodie Françoise, sans l'observation des Accens et de l'Ortographe
reformée. Mais j'atten que le temps abolisse cest usage corrompu.
et qui ne sert que tesmoignage à nostre ignorance." Unfortunately

---

[21] Thurot, *op. cit.*, II, p. 727. See pp. 727-42 for a history of the controversy over the tonic accent.

[22] *Ibid.*, p. 732. See also pp. 729, 730, 741-42.

La Taille delves no further into the desideratum of orthography and its relation to quantity and accent.

The second part of the essay, a discussion of classical meters, is more effective in its applications. After listing the principal meters in classical prosody with French equivalents (the word *inciter* representing, for example, a dactyl), La Taille narrows down the choice to the spondee, the dactyl, the iambus, the trochee, and the anapest (with rare excursions into the tribrach, the proceleusmatic and cretic meters). The dactylic hexameter, the elegiac and Sapphic meters, the phaleucid and asclepiadic and iambic meters are analyzed as if natural to French prosody. A specimen of the dactylic hexameter in French,

Dessus tous animaux Dieu forma l'homme malheureux,

fits perfectly the requisites of theory, but we cannot ascertain by these isolated instances whether we are dealing with poetry or prose. In all cases, La Taille bases his analyses upon individual examples which are not compatible with any proven theory.

The final section of this treatise, dealing with rhetorical figures and licenses, has little bearing on quantitative prosody but is interesting primarily for its pioneer appearance in a French critical work. The author explains that these figures have not hitherto been discussed: "et pour n'avoir encore esté expliquee en François que je sache, j'en diray ce qu'il m'en semble." The epilogue to the essay is less revolutionary and more subdued in tone, for what originally were "lois et reigles" have not been altered to "mon opinion et advis touchant la quantité de nos syllabes." La Taille shares the view of the *Pléiade* that French should be amended until it can match the classical language as a vehicle for literary expression. If the introduction of quantitative meters can in any manner concur with the project, then his pleas for reform will have accomplished a useful purpose.

III

ITALY

EXPERIMENTS WITH QUANTITATIVE VERSE

So far as written records are concerned, the first exponent of classical hemameter verses in Italian was Leon Battista Alberti (1404-1472). [23] His "De Amicizia," the only extant specimen, was followed by Leonardo Dati's "Scena dell' Amicizia," a poem recited on October 22, 1441, before the *Accademia Coronaria*. [24] This latter document utilized such incongruous forms as the hexameter, the Sapphic meter, and even the Petrarchan sonnet, for Dati was interested more

---

[23] "Versi Exametri per la Scene Fatti e Recitati Publice per Baptista Degli Alberti." reprinted in Giosue Carducci, *La Poesia barbara nei secoli XV. e XVI.* (Bologna, 1881), pp. 3-4. Cf. Georgio Vasari, *Vies des peintres, sculpteurs et architectes* (Paris, 1839), Vol. I, Part II, p. 328: "Il fut le premier qui essaya de latiniser la versification italianne, en la soumettant au mètre des vers latins, comme le prouve l'épître qui commence par ces deux vers: *Questa per estrema miserabile pistola mando/A te che spregi miseramente noi.*" Alberti was an architect by profession and in that capacity had dealings with the Rucellai family (Cf. Vasari, *op. cit.*, pp. 329-330). It was Geovanni Rucellai who later composed poetry *(Le Api)* in the classical manner. According to Vasari, *op. cit.*, p. 343, Alberti came into contact with the intellectually elite of is day. For the story of cuantitative verse in Italy and the general trends in metrical developments see Joel Elias Spingarn, *A History of Literary Criticism in the Renaissance* (New York, 1899); Richard Garnett, *A History of Italian Literature* (New York, 1904); Henri Hauvette, *Littérature Italienne* (Paris, 1932); Ernest Wilkins, *A History of Italian Literature* (Cambridge, 1954); Louis Etienne, *Histoire de la littérature italienne* (Paris, 1905). For an interesting comparison between French and Italian prosody see Antonio Scoppa, *Traité de la poésie italienne rapportée à la poésie française* (Paris, 1893). For the relation between Alberti and Marsilio Ficino and the *Accademia de Careggi*, see della Torre, *op. cit.*, p. 579.

[24] Cf. Carducci, *op. cit.*, pp. 8-21. Cf. Maylender, *op. cit.*, II, p. 86, for information on this academy: "In casa di Niccolò ... si raccoglievano a discutere specialmente di teologia e filosofia naturale: Benedetto di Pieraccione Strozzi, Matteo di Simone Strozzi, Lorenzo, Bartolomeo ed Onofrio tutt'e tre di Paolo Strozzi, Luigi Guicciardini, Matteo Palmieri, Leonardo di Piero Dati, Tommaso de Lorenzo Ceffi..." The principles of this academy are listed in *Ibid.*, p. 88. Cf. Attilio Momigliano, *Storia della letteratura italiana dalle origine ai nostri giorni* (Milano, 1938), for valuable bibliography on Italian criticism. See especially pp. 652-54.

in expressing the fluctuations and intricacies of thought than in the harmonious repetition of a continuous metrical pattern.

Coincident with the revival of quantitative verse was the development of a metrical form that would be suited to the exigencies of both tragedy and comedy. In the *Sophonisba* of 1515, which marked the advent of classical tragedy in Europe, Gian Giorgio Trissino provided two meters — unrimed hendecasyllables in the dialogue and the Italian *canzone* for occasional choric outbursts.[25] In comedy, the *sdruccioli* simulated most nearly the iambic trimeter of classical comedy; specimens of this meter appeared in the prologues of the *Negromante* (1520) and the *Cassaria* (c. 1529) of Ariosto.[26] Italian blank verse, though it never equalled the popularity of the *ottava rima* for Italian narrative verse, was found to be a satisfactory adaptation of Virgil's dactylic or classical hexameter.[27] The opening lines of Caro's *Aeneid* retain much of the spirit of the original Latin:

> L'Armi canto, e'l valor del grand' heroe,
> che pria de Troia per destino 'a i liti
> D'Italia, e di Lavinio errande venne.[28]

---

[25] Trissino, *Sophonisba* (Vicenza, 1529), hii. See also Lodovico Martelli's *La Tullia*, in *Opere* (Firenze, 1548) for a further example of blank-verse tragedy. This work was terminated by Claudio Tolomei upon the death of the author. Cf. Tolomei's letter to the "Marchesana di Pescara," in *Delle Lettere* (Vinegia, 1558), p. 50.
The governing principle in Trissino's prosody is that of accent. This he was to affirm later in his critical writings, where he distinguished between classical and modern prosody. Cf. *La Poetica* (Vicenza, 1529), dii, XIII: "Ma qui da sapere, che si come i Greci, et i Latini formavano i loro piedi di sillabe brevi, e lunghe, così noi gli formiano di gravi, et acute..." Cf. also Alessandro Pazzi de' Medici's "Preface" to his *Dido in Carthagine*, in *Tragedie Metriche* (Bologna, 1887), pp. 49-52, for a discussion of the difference between prose and blank-verse tragedy.

[26] Carducci, *op. cit.*, pp. 25 and 271. Cf. Hauvette, *op. cit.*, p. 254: "il imagina d'y employer les hendécasyllabes d'un rythme un peu particulier, destinés à reproduire l'allure des trimètres iambiques latins: ce sont des vers *sdruccioli* (dont le dernier accent, sur la dixième syllabe, est suivi de deux syllabes atones) non rimés. Malgré la virtuosité et l'esprit avec lesquels l'Arioste mania ce mètre difficile, le pliant à toutes les exigences du dialogue familier, il ne réussit pas à l'imposer définitivement au genre comique."

[27] Cf. Garnett, *op. cit.*, p. 91.

[28] *L'Eneide di Virgilio* (Venetia, 1581), pp. 1-2. Cf. also Lodovico Martelli's rendition of Book IV of the *Aeneid* in *Opere* (Firenze, 1548), and Trissino's *L'Italia Liberato da Gotti* in *Tutte le Opere* (Verona, 1729).

An even better illustration of Caro's relation to the new movement may be seen in an Italian version of the dactylic hexameter, a poem directed to the members of the *Accademia della Nuova Poesia:*

> Or cantate meco, canto or ch' altro risorge
> Parnaso, ch' altro nuova Helicona s'apre,
> Or che le sante muse con sí bel volto giocondo
> Ne scuopron tutti gli alti secreti loro.
> Cantate, e lode rendete al dotto Dameta:
> Dotto Dameta, come degno di lode sei! [29]

If we were to scan the first few lines as we would those of the *Iliad* or the *Aeneid,*

— —	— ∪ ∪	— —	— —	— —	— -
Or can	tate me	co, can	to or ch'al	tro ri	sorge

— —	— —	— ∪ ∪	— —	— —	— —
Parna	so ch'al	tro nuova	Heli	cona	s'apre

— ∪ ∪	— ∪ ∪	— —	— —	— ∪ ∪	— —
Or che le	sante mu	se con	sí bel	volto gio	condo

— —	— —	— —	— —	— —	— —
Ne scuo	pron tut	ti gli al	ti sec	reti	loro

we find that spondees would appear far more frequently than they would in classical hexameter verse.

These dedicatory verses in praise of classical literature, far from constituting a program for reform indicated a reverence for the ancients and a desire to follow in their glorious wake. The new symbol of Italian literature was expressed in frequent reference to a certain *dotto Dameta.* The adjective *dotto* set the tone for the academic atmosphere which pervaded this revival of ancient letters; here was an erudite muse, a muse blessed with the efflorescence of the classics. Futhermore, the symbol went beyond a mere ideal to an actual embodiment, for the person referred to was none other than Claudio Tolomei, the luminary of the *Accademia della Nuova Poesia,* the core of quantitative verse.[30] Members of this society all paid homage to his new method of imitating the ancients in the vernacular.

---

[29] Carducci, *op. cit.,* p. 55.

[30] Maylender's account, *op. cit.,* IV. p. 86, is about as complete a description as one will find of this academy: "Si attribuisce all'illustre ed intraprendente letterato senese Claudio Tolomei la fondazione delle Romane Accademie, o meglio eruditi convegni, dette della *Virtù* e della *Nuova Poesia.*

The praise of Pauolo Aretino was representative:

> Dotto Dameta ch' cantando ornate le selve
> D' onorate voci piene, le tosche rive,
> E li cui carmi rarli ascoltan con somno piacere
> Quindi il rozzo Pane quindi la Santa Pale
> Posa la dolce lira, posi il dottissimo plettro
> E lassa il bianco gregge vagando gire. [31]

Whether the appellation was "Padre Dameta," "Saggio Dameta," "Dotto Clio," "Spirito Gentil," or "Spirito Sacro," one fact was beyond cavil: Tolomei was held in extravagant esteem by his fellow academicians, and he thus became the nucleus of a miniature Renaissance which had as its aim the adapting of classical verse to vernacular standards. [32]

The most concrete result of this interest was demonstrated in Claudio Tolomei's *Regolette della Nuova Poesia Toscana.* His publisher, in a preface to the reader, clarified the reasons for bringing these new rules before the attention of the public: "Ancora che par l'essempio di tanti versi potesse ogni mezzano ingegno aver lume a bastanza per essercitarsi questa nuova poesia; non di meno m' è parso molto utile publicare alcume brevi regolette, raccolte da varii ragionamenti che quest' anno furon fatti supra questa materia." [33] Members of the academy had by their writings provided the impetus for just this manner of publication. It was immediately evident that Tolomei's method was limited to those seeking a new way to compose poetry: "E bene non v' è dentro tutto quello che sopra di cio fu da molto ragionato e disputato, non è però che questo non sia a bastanza par illuminar coloro che per questa strada desideran

---

Noi riteniamo trattarsi, per riguardo alla seconda, d'una semplice rinuncia a quegl'"intendimenti di descrivere le discipline vitruviane che il Tolomei, forse non di propria iniziativa, si era prefisso in fondare il breve 'Regno della Virtù', e d'aver egli mutato poi il nome della non riuscita Accademia della Virtù in quello della Poesia Nuova, per alludere ai versi toscani che in essa si componevano. ... Il Tolomei s'era dato a comporre versi toscani a misura de' versi greci e latini e con sillabe e piedi nello stesso numero e quantità dagli antichi poeti prescritta 'Poesia Nuova' fu questa appellata..."

[31] Carducci, *op. cit.,* p. 87.

[32] Cf. Carducci, pp. 47, 55, 67, 100, 115, 123, 129, 149, 159, 215, 223, 231, 235, and 239 for additional tributes to Tolomei's academy.

[33] Carducci, *op. cit.,* p. 413.

caminare." [34] The publisher further indicated that Tolomei's rules, if found amenable, would be followed by additional details and more theory: "Ne aspettarete qui se non le resoluzioni, perche la ragione e l' altre cose piú piene e piú aperte si vendranno (piacendo a Dio) ne' dialogi di m. Claudio Tolomei; dovne egli tutta questa arte ha minutamente e disteamente disputato, provando a confermando questa bella invenzione per principii di filosofia a di musica e altre belle e manifesti ragioni. Voi, intanto che quelli si finiscino, godetevi insieme co' versi queste brevi regolette." [35] But, as in the case of Jacques de La Taille some twenty years later, no additional "dialogi" appeared to serve as a philosophical or, at the least, a structural basis for this new program.

What most particularizes the *Regolette* is a blatant lack of theory. [36] Without so much as a thematic, governing principle for introducing his innovation or any reference to the basis of classical prosody, Tolomei instantaneously launched into a discussion of the quantity assigned to monosyllabic words. All five divisions of this treatise, "Delle Cesure," "Della Bisillabe," "Della Trisillabe," "Del Ritiramento," and "Delle Parole di Quattro Sillabe," displayed this identical fault. Yet, as an extract from the division on monosyllabic words showed, Tolomei lavished care and accuracy upon an individual or isolated topic. When describing a monosyllabic word which ends in a consonant, he showed how it affected and was, in turn, affected by the position of the word following it:

> Quando una monosillaba finisce in consonante, o la parola che segue incomincia da consonante o da vocale: se comincia da consonante, la monosillaba che gli e innanzi è lunga per posizione, come in quel verso:

> 'IN cima del colle si duro giunto sei:

---

[34] *Ibid.*

[35] *Ibid.*

[36] The rules which Tolomei formulated can be found in their entirety in the Appendix. The length and technical nature of this material preclude their appearance in the text itself. I have depended very heavily upon Carducci's work, *La Poesia barbara nei secoli XV. e XVI.* (Bologna, 1881), for many of the basic texts of this movement and have taken the liberty to quote more freely than would otherwise be the case. This particular work is difficult to come by: one copy only is available at the *Bibliothèque Nationale* (8º Yd. 9) — none exists at the Library of Congress.

se incomincia da vocale, allora la monosillaba, che finisce
in consonante per natura o per aggiunta, è breve; per natura,
come in quel verso:

'Ella PER antiquo sentier, per ruvido calle;
per aggiunta, come in quell' altro

'In si cara pace vivere ET ella ET io.

Ma, se finisce in consonante per accortamento, seguità la
natura del suo intero, e per COR per *Core* e VER per *Vero*
è breve, e VIL per *Vile* è commune, perche cosí è n' loro
interi, come si vedra di sotto. [37]

With almost scientific exactitude he divides the monosyllabic words
ending in a consonant into various categories and shows the disparate
results in scansion for each category. Although the individual sections of this treatise were handled with microscopic fidelity, Tolomei
found no catalyst or general idea to unite these elements into a
theory commensurate with the requirements of the Italian language.

HUMANISTIC INTEREST IN MUSIC

The humanists turned their attention to another of the related
arts, music. In a work entitled *Dialogo della musica antica e della
moderna,* one Vincenzo Galilei declared himself an enemy of contemporary Renaissance counterpoint music and extolled, instead, the
monodic music of the ancients, the central idea of which had been
to imitate the "conceptions derived from words, "to induce" in
another the same passion that one feels oneself." [38] Galilei's obvious
purpose was to replace the mere aural delight of monochromatic
counterpoint with the harmony and proportion associated with
Greek music. Plato had long ago described at length the peremptory

---

[37] Carducci, *op. cit.,* pp. 414-15.
[38] Vincenzo Galilei, *Dialogo della musica antica e della moderna,* in
William Oliver Strunk, *Source Readings in Music History from Classical
Antiquity through the Romantic Era* (New York, 1950), pp. 315 and 317.
Cf. Angelo Solerti, *Le Origini del melodramma* (Torino, 1903); Albert
Einstein, *The Italian Madrigal,* 3 volumes (Princeton, 1949).

power exerted by music in educating the young men of the ideal state:

> ...education in music is most soverign, because more than any thing else rhythm and harmony find their way to the inmost soul and take strongest hold upon it, bringing with them and imparting grace, if one is rightly trained, and otherwise the contrary. And further, because omissions and the failure of beauty in things badly made or grown would be most quickly perceived by one who was properly educated in music, and so, feeling distaste rightly, he would praise beautiful things and take delight in them and receive them into his soul to foster its growth and become himself beautiful and good. [39]

To further this interest in ancient music, a musical academy or "ridotto" known as the *Camerata* was formed in Florence under Count Giovanni Bardi di Vernio. In addition to Galilei, the members included Jacopo Corsi, Ottavio Rinuccini, Emilio de' Cavalieri, Jacopo Peri, and Giulio Caccini. [40] Ironically enough, since Greek music itself was unknown to them, they proceeded in the belief that the "secret of Greek music lay in the perfect union of words and melody, a union to be achieved by making the former dominate and control the latter." [41] The recitative was to approximate what was thought to be the nucleus of Greek tragedy: monophonic expression or single voice rather than polyphony or the choral mass. [42] Bardi, in discussing the relation of quantity in music with that in poetry — "practical music is a combination of words arranged by a poet into verses made up of various meters with respect to the long and the short, these being in their movement now fast and now slow, now intermediately approaching the sound of the words of the human voice, now sung by that voice alone, now accompanied by a musical instrument, which in turn should accompany the words with the long and short, with fast and slow movement, and with the low, the

---

[39] Plato, *Republic*, Volume I, III, xii, 401d-402a, trans. Paul Shorey (London, 1937), pp. 257-59.

[40] Cf. Donald Grout, *A Short History of Opera*, Volume I (New York, 1947), p. 43. Cf. also Manfred F. Bukofzer, *Music in the Baroque Era* (New York, 1947).

[41] Grout, *op. cit.*, p. 44.

[42] Cf. Bukofzer, *op. cit.*, pp. 6 and 7.

high, and the intermediate" — showed in what manner music and words were related. [43] His *confrère* Jacopo Peri demonstrated in his foreward to *Euridice* that Greek harmony lay midway between natural speech and the melody of song. [44] Poems were to be written in iambic verse, as it was less elaborate than the hexameter but more complicated than ordinary speech. This was reiterated by Giulio Caccini who attempted to introduce into his compositions a kind of music by which one might "talk in harmony (quasi in armonia fallevare)." [45] The classical legend that most naturally appealed to these innovators was the Greek myth of Orpheus who had enchanted the gods with his divine harmony. In Jacopo Peri's *Euridice* and, later in Claudio Monteverdi's *Orfeo*, these legends were once more transformed into the harmonies of contemporary music.

EXPERIMENTS IN ITALIAN VERSE

The basic meter of Italian heroic verse is hendecasyllabic; it is an accentual iambic line of five feet with one extra unaccented syllable:

Nel méz | zo dél | cammín | di noś | tra ví | ta.

The pattern was undoubtedly an outgrowth of the "accentual Latin measures which replaced quantitative meter in the middle ages." [46] When Claudio Tolomei attempted to scan isolated lines of Antonio Renieri's poetry in the quantitative manner,

— ∪	— —	— ∪ ∪	— ∪	— ∪
Veggio	tal vol	ta ne la	vostra	lieta
— ∪	— —	— ∪ ∪	— ∪	— ∪
Fronte	raccor	si pura	corte	s i a
— ∪	— —	— ∪ ∪	— ∪	— ∪
Rara	beltà	di tene	rezza	molta

---

[43] Giovanni de' Bardi, *Discourse on Ancient Music and Good Singing*, in Strunk, *op. cit.*, p. 292.

[44] Jacopo Peri, "Forward to Euridice," 1601, in Strunk, *op. cit.*, p. 374.

[45] Strunk, *op. cit.*, p. 378.

[46] John Addington Symonds, *Renaissance in Italy: Italian Literature*, Part I (London, 1904), p. 461. See his Appendix I, pp. 459-61, for a discussion of Italian hendecasyllabic verse.

it was immediately evident that he could no more than follow the natural pattern of accents in Italian, the real difference between quantity and accent being the existence of an extra syllable on the third foot. [47] His quantitative scansion at once proved the unsuitability of Italian to quantity. [48]

His popularity, nevertheless, put him in a position to criticize and correct what he believed to be unsound in modern Italian prosody. The main point of attack was blank verse or *versi sciolti*. In a letter to Marcantonio Cinuzzi he noted that, although this form had been utilized by Alamanni, by Lodovico Martelli and by Trissino himself, the weight of their authority was insufficient to convince Tolomei that blank verse was the modern equivalent of heroic hexameter verse. [49] These verses were too much like prose: "Così mi par che questi versi endecasillabe usati da Dante, e dal Petrarca, troppo agevolmente cadan nel parlar della prosa." [50] His desire was to be poetic, but he realized that rime, *per se*, did not differenciate poetry from prose. As for the *terza rima* of Dante, he found it too hard and unyielding for the unfolding of thought and contrary to the grandeur of the heroic style: "il quale hora stretto raccoglie, hor largo di distende, e secondo che o la qualità del soggetto, l'impeto della Musa ci sforza, cosi o in breve giro si ristringe, o in larghissimi campi trascorre." [51] Blank verse was unpoetic; *treza rima* lacked spaciousness. But Tolomei was more successful than other theoreticians in dealing with the poeticity of the subject itself. His standard was the dactylic hexameter for epic use, yet he failed to demonstrate the important principles that Italian hexameter was a superior medium of expression, that the nature of Italian lent itself to quantity as had the classical languages, that the dactylic hexameter would be suitable to all forms of poetry, not merely the epic.

In spite of many inconsistencies, the innovations of Tolomei received the approval of at least the learned circle, as we may gather

---

[47] Cf. Carducci, *op. cit.,* p. 437, for this scansion. Other examples will be found on pp. 436-39.

[48] Cf. Francesco Flamini, *Il Cinquecento* (Milano, 1902), p. 191. Cf. also Guiseppe Toffanin, *Il Cinquecento* (Milano, 1935), pp. 119-120.

[49] *Delle Lettere* (Vinegia, 1558), p. 10v.

[50] *Ibid.* p. 11.

[51] *Ibid.*

from the testimony of Luca Contile: "Che dirò di Mons. Claudio Tolomei? è pur nota a ciascuno, come possegga e tutte le lingue, e tutte le scienze, e come di urbanità, di prudenza, e d'honorata vita possa egli esser essempio de secol nostro. Che bello udire il tanto di unita sapienza, che bel veder l'aspetto venerando di tutti, tutti dico dei canute, che gli Ephori, egli Areopagitici concorrerebbono a reverir questi sei sapienti di Roma." [52] According to Contile, Tolomei's academy became the focal center of intellectual Rome, an intellectual society nearly comparable to the ancients in breadth of knowledge — "sono superati da gli antichi." [53] That Tolomei kept in touch with the latest literary developments was shown by a letter to Luigi Alamanni in which he mentioned the latter's *Coltovazione,* a didactic poem written in unrimed hendecasyllables:

> Messer Annibal Caro m'ha fatte vedere i vostri libri de la *Coltivazione* nuovamente mandati in luce; di che ho sentito grandissimo fruto di diletto e di girovamento; ove mi par, che non solamente insegnate a coltivare i campi; ma molto gli ingegni, e le Scritture de' Poeti. Rallegromene prima con voi, dipoi con la lingua Toscana, e finalmente con l'età nostra. Con voi vedendo il bel nome e'l gran frutto di gloria, che ve ne segue. Con la nostra lingua, conoscendo il lume e l'ornamento, che per vostra opera n'acquista. con questa età, considerando come per mezzo di tali industrie ella già incomincia a caminar di pari con l'antica, ma molto più mi vallegro con quei, che verrano, poi che essi troveranno de la vostra meno aperta la strada, onde esse potranno. ... [54]

The name of Alamanni was closely linked with Franco-Italian literary relations. [55] Francis I and Henry II of France, patrons of

---

[52] Luca Contile, *Delle Lettere* (Vinegia, 1544), p. 16v.

[53] *Ibid.,* pp. 24v-25; 37v.

[54] Tolomei, *Delle Lettere,* p. 272.

[55] Cf. Henri Chamard, *L'Histoire de la Pléiade,* I (Paris, 1939), p. 120: "Enfin, la Pléiade a certainement entendu parler d'un poète, Florentin d'origine, lequel, chassé de sa patrie pour cause politique, était venu l'an 1530 chercher refuge en France, Luigi Alamanni. Comblé de faveurs par François Ier, il vivait depuis à la Cour. Très peu de temps après son arrivée, il avait publié, à Lyon, ses *Œuvres Toscanes,* en les dédiant 'au roi tres chrestien'. Plus récemment (1546), c'est à Paris qu'il avait donné, sous le patronage de Catherine de Médicis, sa *Coltivazione,* un poème écrit en vers blancs, que

the arts, sought among the Italians such luminaries as Leonardo da Vinci, Andrea del Sarto, Castiglione, Rucellai, Ariosto, Aretino and Alamanni to grace French culture. [56] Though previously a member of the Florentine academy, Alamanni was forced to seek asylum in France on account of political revolutions in his native country. [57] In France he published the majority of his works: the appearance of the *Coltivazione* marked the triumph of *versi sciolti* in Italian poetry; its publication in France assured French acquaintance with that particular form. [58] Italian prosodists and poets, in their desire to imitate the ancients, had succeeded in imparting to Italian tragedy, epic, eclogue, didactic poetry, the ode and the epigram more regularity and a greater sense of classical form.

In a preface to the *Opere Toscane,* dedicated to Francis I, Alamanni had occasion to deal with the problem of rime and its origin:

> ... che la rime fu come cosa necessaria trovata da i nostri Poeti, i quali avendo considerato, che tutte le parole Toscane han termine nel fin del verso di vocale, volsero ... che

---

Du Bellay, sans aucun doute, a pratiqué, puisqu'il mentionne avec éloge dans sa *Deffence* 'le seigneur Loys Aleman, en sa non moins docte que plaisante *Agriculture'*, et qui'l lui doit peut-être certains traits de son éloge de la France." Tolomei, also, as Sienese ambassador, had dealings with the French court. Cf. *Harangue de M. Claudio Tolomei Ambassadeur de Siene, prononcée deuant le tres chretien roy de France Henry second de ce nom,* (Lyon, 1553); and his letters "A Francesco Re di Francia" and "A Henrico II Re di Francia," in *Delle Lettere,* pp. 15-15v; 273v. For the historical and political relations of France and Italy see Louis Batiffol, *Le Siècle de la Renaissance* (Paris, 1955).

[56] Cf. Chamard, *op. cit.,* pp. 116-17; Henri Hauvette, *Luigi Alamanni* (Paris, 1930), xiv-xv; Batiffol, *op. cit.,* especially pp. 110-116.

[57] Cf. Maylender, *op. cit.,* IV, p. 312, and della Torre, *op. cit.,* pp. 30-31: "Se non che l'odio contra la tirannido che dopo la morte di papa Leone X esercitava sopra Firenze il Cardinale Giulio de'Medici, tramuta gli Accademici in conspiratori contro li tiranno in pro della commune libertà; tanto più che queste aveva ingiustamente punito uno di essi, Luigi Alamanni." See also *op. cit.,* p. 833, for Alamanni's connection with the Ficinian academy.

[58] Cf. Hauvette, *op. cit.,* pp. 442-43: "...c'est à des princes français qu'ils les dédia, précisément à l'époque où la littérature française, encore attardée aux traditions des grands rhétoriqueurs, ou amusée par le badinage marotique, allait répudier cette poétique surannée, s'engager résolument dans la voie de l'innovation classique, et tenter à la fois de créer une langue vraiment digne de se mesurer avec le grec et le latin, et de reconstituer tous les genres, cultivés par les anciens, de l'ode jusqu'au théâtre et à l'épopée."

fose accompagnata della vaghezza della rima: Ma questi tali mostrano di non sapere, che ella abbia origine avuta davanti che in noi ne' Provenzali, i quali in contrario hanno quasi tutte le loro dizione terminanti (come meglio di me, e di tutti gli altri de la Maestà Vostra) in consonante; talmente che più presto volgare, e mal fondata usanza da quei primi si può chiamare, che ragionevole. E se pur mi vorranno biasimare, con dir solamente, questa esser cosa nuova, non saprei che più convenevole risposta darmi, che ricordar loro, che cosa non si può trovare tanto antica (fuor che Dio solo) che al suo principio non fosse nuova: e posto pur, che con tutto questo della nuovità si dovesse fare scusa, più con ragione sarebbe, che i primi inventori delle rime si scussassero co i Greci e co' Latini (da i quali fui del tutto dannate, e fuggite) con io con loro. [59]

Here Alamanni brought to light, for the benefit of French letters, various aspects of prosody that had confronted contemporary Italians. Should poetry require or dispense with rime? French prosody was to undergo similar stage of progress in its contact with classical literature and literary forms. The blank verse of the *Coltivazione*,

> Voi famoso Signor, cui solo adora
> Il Gallico terren, sotto il cui regno
> Quanto è verace onor s'ha fatto nido,
> Deh porgete la mio dir sìlarga aita,
> Ch'io possa raccontar del pio villano
> L'arte, l'opre, gl'ingegni, e le stagioni:

and the quantitative hexameter verses of the *Flora*,

> Io veggio Hippolito da lunge, che viene a proposito,
> Ch'io gli parli davanti che andare a trovar Flamminia,
> Per saper quanto di Flora è seguito, & poi intendere,
> S'ella potra con la scarabone farli alcun servitio.

suggested to French poets what could be accomplished in rimeless verse — all this in addition to the numerous forms of rimed poetry, *terza rima*, *ottava rima*, the sonnet and other Italian forms which

---

[59] "Al Christianissimo Re Francesco Primo." in *Opere Toscane*, I (Roma, 1806), xix-xx.

had already been accepted as standard in Italian literature and which were, along with these new metrical experiments, to exert their influence upon French prosody. [60]

IV

FRANCE

EARLY EXPERIMENTS IN QUANTITATIVE VERSE

Prior to the experimentations of the *Pléiade,* sporadic attempts had been made in writing quantitative verse. The honor of being the initiator of this movement belonged to a certain Michel de Boteauville who, in 1477, composed a poem in Latin hexameters entitled "De miseriis guerre Anglorum et utilitatibus pacis eorum." This was succeeded twenty years later by a prose treatise, *L'Art de metrifier françois,* and in 1500 by a French version (in hexameters and pentameters) of the earlier Latin work. [61] In the *Dictionnaire historique, ou Mémoires critiques et littéraires,* Prosper Marchand referred to a sixteenth-century writer by the name of Mousset who translated the *Iliad* and *Odyssey* into quantitative verse. [62] The

---

[60] *La Coltivazione* (Milano, 1804), p. 3; *La Flora* (Firenza, 1556), p. 27. Alamanni, instead of following wholeheartedly the program of metrified poetry, substituted a system of tonic and atonal syllables. Cf. Hauvette, *Luigi Alamanni,* p. 339. Yet, in the *Flora,* he violated the essential character of Italian verse: "de conserver un certain nombre d'accents fixes, ou du moins n'oscillant qu'entre un nombre limité de places" (*Ibid,* p. 347). In the *Eridano,* Francesco Patrizio showed the possibilities of hexameter forms in Italian poetry; but in his theory he remained true to the nature of Italian poetry. Cf. the *Sostamenti al Nuovo Versi Eroico,* reprinted in Carucci. Cf. also his *Della Poetica* (Ferrara, 1586), especially *Libro Quinto,* for the relation of poetry and music. Bernardino Baldi's "A signori Accademici Affidati in Pavia," 1602, on the differences between classical and modern prosody is reprinted in Carducci, *op. cit.,* pp. 457-61.

[61] Antoine Thomas, *Michel de Boteauville et les premiers vers français mesurés* (Bordeaux, 1883). See especially pp. 327, 332, and 350-51.

[62] Prosper Marchand, *op. cit.,* p. 70 *et passim.* Henri Chamard, "Versification," in *Dictionnaire des lettres françaises: le XVIe siècle* (Paris, 1951), p. 695, races reference to Mousset back beyond Marchand to a letter from D'Aubigné to Certon (ed. *Réaume,* I, p. 543). D'Aubigné says that the distich attributed to Etienne is by Jodelle. D'Aubigné also says that Pasquier lists Buttet and himself among experimenters in measured verse.

translator, according to Mousset, followed the practice of differentiat-
ing between long and short syllables: "En effet, il s'étoit imaginé
de réduire la Poësie Françoise, tant à l'observation des syllabes
longues & bréves de cette Langue, qu'à la mesure des Vers hexa-
métres & pentamétres." [63] No records existed to test the validity of
these attemps, for Marchand suggested that the task was "de trop
difficile éxécution." [64] To Etienne Pasquier we are indebted for
additional examples; he raised the point that such a novelty depended upon its adaptability to the French language. [65] His own
reply was affirmative —"il n'en faut point faire de doute"— with
the proviso that the poet be qualified to handle the task. [66] Pasquier
cited a distich of Henri Estienne, which appeared in the poetical
works of Olivier de Marigny in 1553, as representative of the new
school:

> Phoebus, Amour, Cypris, veut sauuer, nourrir, & orner,
> Ton vers, cœur & chef, d'vmbre, de flamme, de fleurs. [67]

Another practitioner, Nicolas Denisot, Comte d'Alcinois, chose in
1555 to honor Pasquier's own *Monophile* with hendecasyllabic
verse:

> Or quant est de l'amour amy de vertue,
> Don celeste de Dieu, ie t'estime heureux
> Mon Pasquier, d'en auoir fidelement fait,
> Par ton docte labeur, ce docte discours,
> Discours tel que Platon ne peut refuser. [68]

Also included in this collection were scattered hexameter and penta-
meter verses of Pierre de la Ramée (Pasquier described them as
slightly abstruse) written in the manner of an elegy:

> Riens ne me plaist sinon de te chanter, seruir, & orner
> Riens ne te plaist mon bien, riens ne te plaist que ma mort.

---

[63] Marchand, *op. cit.*, p. 79.

[64] *Ibid.*

[65] *Les Recherches de la France* (Paris, 1607), especially Book VI, chapter 12.

[66] *Ibid.*, p. 916.

[67] *Ibid.*

[68] *Ibid.*

Plus ie requiers, & plus ie me tiens seur d'estre refusé,
  Et ce refus pourtant ne me semble refus.
O trompeur, attraits, desir ardent, prompte volonté,
  Espoir, non espoir, ains miserable pipeur. [69]

Pasquier, although reserved in his praise of Ramus' elegiac verses still regarded them as "autant fluides que les Latins," and what is more important, the vernacular was capable of encompassing quantity. [70]

METRICAL EXPERIMENTS OF THE PLÉIADE

The fourth volume of Henri Chamard's excellent *Histoire de la Pléiade* is devoted (among other matters) to a summary of metrical innovations and experiments practiced by Ronsard and his followers during the twenty-odd years that followed the publication of the *Deffence*. [71] Among these forms, the sonnet and the ode reflected the dual influence of Renaissance Italy and Classical Greece. Du Bellay seized upon the Pindaric ode because it offered a good deal of liberty in metrical structure; Ronsard specified that metrical continuity in lyric verses was to be determined by the pattern of the introductory verses. [72] This principle of rhythmical liberty Ronsard applied to the general structure of poetry. An apprentice or proselyte of this art should never for one moment doubt the absolute polarity between the true poet, who organized his "fable & fiction." and the unlettered versifier, who lost the essence of real poetry amid the mechanical complexities of rimed stanzas, which were in reality prose for they lacked the essence of poetical inspiration.

The *Pléiade* succeeded in establishing the French alexandrine as the basic or preeminent metrical line. The revolt against the earlier schools of poetry implied a rebellion against the decasyllabic and

---

[69] *Ibid.,* pp. 916-17.

[70] *Ibid.,* p. 917.

[71] *L'Histoire de la Pléiade* (Paris, 1939), in 4 volumes.

[72] *La Deffence et illustration de la langue françoyse,* ed. Henri Chamard (Paris, 1948), II, iv, p. 121; *Abbregé de l'Art Poetique François,* ed. Paul Laumonier, in *Œuvres,* XIV (Paris, 1949), p. 9.

octosyllabic lines which had until then reigned supreme. [73] The alexandrine more closely paralleled the amplitude and breadth of the classical hexameter, at the same time preserving the rhythm of French versification (the shift from decasyllabic to alexandrine was a splendid opportunity for the partisans of unrimed verse to submit their experiments in classical versification). [74] Yet Ronsard displayed flexibility within the metrical lines. The line itself was to be composed of twelve syllables, if masculine, or thirteen, if feminine; the caesura should fall at the sixth syllable. [75] The line was to be "grave, hautaine ... & altiloque," as the breadth fo such a verse, without the benefit of *rime riche,* had the tendency to descend into prose. [76] In practice Ronsard frequently showed disregard for strict theory. He was fully aware in the *Eclogue I* (*Bergerie*)

> Qui ne retourne au monde encore ce bel âge
> Simple, innocent et bon, où le meschant usage

---

[73] Cf. Henri Chatelain, *Recherches sur les vers français au XVe siècle* (Paris, 1907), pp. 236-237: "pour la fin de XIVe et l'ensemble du XVe siècle, les mètres employés sont, par ordre de fréquence décroissants, les vers de 8, de 10, de 7, de 5 syllabes, enfin les vers de 6, de 4 et de 3 syllabes. A la fin de XV_e siècle, pour les strophes isométriques, l'avantage du vers de 8 et de 10 syllabes sur tous les autres devient plus marqué."

[74] Cf. Becq de Fouquières, *op. cit.,* pp. 24-25: "Ce fut le besoin de rompre les entraves étroites au vers de dix syllabes qui détermina le remplacement de ce vers un peu court par le vers de douze syllabes. L'ampleur de l'alexandrin, ses nombreuses combinaisons rythmiques ouvrirent une ère nouvelle pour la poésie française. Ce vers, composé de douze syllabes communes, égales en durée totale aux douze temps des anciens, nous remenait à l'unité de mesure antiquement déterminée par les conditions physiologiques des races européennes. Le temps de l'expiration retrouvait dès lors sa longueur normale. Dans le vers de douze syllabes, chaque syllabe, étant reputée commune et étant en realité d'une quantité uncertaine et flottante, vaut tantôt une longue, tantôt une brève, tantôt plus, tantôt moins. Le seule durée invariable et déterminée d'avance dans l'état actuel de la question, c'est la somme de ces douze syllabes d'une durée variable et indéterminée. Il est ainsi facile de voir que le poète ne pouvait compter sur une différence de quantité trop peu appréciable entre syllabes français et nullement fixée, pour faire sentir le retuor de temps aspiratoire par une combinaison de sons longs et de son brefs. Il demande alor à la parité des sons le secours que la métrique lui refusait; et la poèsie française se plia à la nécessité d'introduire dans le dernier temps de chaque vers un son de même nature, qui vint frapper l'oreille et l'auditeur d'un choc identique à lui-même. Telle est l'origine de la rime."

[75] *Abbregé,* p. 25.

[76] *Ibid.,* pp. 27-28.

De l'acier et du fer n'estoit point en valeur,
Trop en prix maintenant, à nostre grand malheur! [77]

of the possibilities of enjambement and the pause within the line
which altered the monotonous insistency of the end-stopped rimed
couplet. In such lines as

Soleil, source de feu haute merveille ronde
Soleil, l'ame, l'esprit, l'œil, la beauté du monde,

the traditional resting place of the caesura was maintained; at the
same time, however, additional pauses within the line gave evidence
of elasticity in metrical technique. [78]

In dealing with various metrical forms and prosodical innovations, the *Pléade* displayed a freedom of movement which was to
be lost in the metrical standardization of the seventeenth century.
During the Renaissance, however, there was still opportunity for the
poet and critic to proceed with metrical innovations, tangential as
some of them were. [79]

CRITICAL OPPOSITION TO QUANTITATIVE VERSE

The vogue for quantitative prosody lasted for a comparatively
limited period of time and was restricted to a relatively small
minority. Critical opinion as a whole did not look very kindly upon
this movement. Du Bellay had suggested blank verse as an alternative
to the rimed couplet:

qui ne voudroit reigler sa rythme comme j'ay dit, il vau-
droit beaucoup mieux ne rymer point, mais faire des vers
libres, comme a fait Petrarque en quelque endroit, & de
notre tens le Seigneur Loys Aleman, en sa non moins docte

---

[77] Ronsard, *Œuvres completes,* ed. Gustave Cohen (Paris, 1938), I, p. 930.
[78] *Ibid.,* p. 935. See Robert de Souza, "Les Origines du vers moderne:
La Rythmique de Ronsard," in *Mercure de France* (Paris, 1924), CLXXV,
pp. 89-121, for a discussion of the metrical effects and variations that
Ronsard was able to manage within the framework of the alexandrine.
[79] See Hugo Paul Thieme, *The Technique of the French Alexandrine*
(Ann Arbor, 1897), for a treatment of the complexities of this metrical form.

que plaisante *Agriculture*. Mais tout ainsi que les peintres & statuaires mettent plus grand' industrie à faire beaux & bien proportionnez les corps qui sont nuds, que les autres: aussi faudroit-il bien que ces vers non rymez feussent bien charnuz & nerveux, afin de compenser par ce moyen le default de la rythme. [80]

D'Aubigné, although he had occasion to practice quantitative verse, took into account that no system of prosody would succeed in French without due regard to accent: "Que nul vers mesuré ne pouvoit avoir grace sans accens, non seulement d'eslevation, mais de production; et que la langue Françoise ne pouvoit souffrir ce dernier des accens sans estre ridicule, come il paroist aux prononciations des Estrangers, & surtout des Septentrionaux." [81] He admitted that the project excited "un peu ma bile," but, having attempted the system himself, he felt that this type of verse, too hard to read and to pronounce, was more suitable for singing, "comme i'ay veu en des grands conserts faits par les Musiques du Roy." [82] In the final analysis, the choice was to be left entirely to the discretion of the poet. Thomas Sebillet had by 1548 admitted the existence of "vers mesurez" in his *Art poetique françoys,* verses measured according to a fixed number of syllables, but lacking rime, "sans parité de son en leurs fins, et sans ryme." [83] Each language had its own innate system of prosody: in Greece and Rome they observed long and short syllables; in France rime functioned in an analogous fashion by upholding "la modulation et musique du carme..." [84] Measured verse had been censured by Antoine Fouquelin in 1557 as being "aussi estrange en la langue françoise que seroit en la Grecque ou Latine, écrire des vers sans obseruation de syllabes longues & bréves, c'est à dire sans la quantité des tens, qui soutient la modulation & musique de carme en ces deus langues." [85] Etienne Dolet had already established the fact that French prosody was based upon a fixed number of syllables and that classical prosody, on the

---

[80] *Deffence*, II, vii, p. 147.

[81] *Petites Œuvres meslées* (Genève, 1630), p. 127.

[82] *Ibid.*

[83] *Art poetique françoys*, ed. Félix Gaiffe (Paris, 1910), pp. 192-93.

[84] *Ibid.*, p. 193.

[85] *La Rhétorique françoise* (Paris, 1557), p. 19.

contrary, was founded upon a system of long and short vowels;
Claude Fauchet and Jacques Peletier du Mans expressed similar
theories concerning quantity. [86] As a final thought, Vauquelin de la
Fresnay left it to posterity to judge if such efforts were to be
rewarded:

> Que comme luy, plusieurs ont daigné composer,
> Allians à leurs. vers mesurez à l'antique,
> L'artifice parlant de la vieille Musique,
> Ie ne sçay si ces vers auront authorité,
> C'est à toy d'en parler sage Posterité,
> Qui sans affection peux iuger toutes choses,
> Et qui sans peur les prendre ou reieter les oses. [87]

The verdict of posterity has shown the negative to be true.

HUMANISTIC INTEREST IN MUSIC

Music was a trenchant element in the critical theory of the
Pléiade. According to Ronsard, lyrical verse forms (excepting the
alexandrine and the "vers commun") were meant to have some kind
of musical accompaniment: "Telz vers sont merveilleusement propres
pour la Musique, la lyre & autres instrumens: & pour ce, quant tu
les apelleras lyriques, tu ne leur feras point tort, tantost les allon-
geant, tantost les accoursissant, & apres un grand vers un petit, ou
deux petitz, au choix de ton oreille, gardant tousjours le plus que
tu pourras une bonne cadence de vers propres ... pour Musique, la

---

[86] *La manière de ben traduire d'une langue en aultri* (Lyon, 1540), p. 25.
Claude Fauchet, *Recueli de l'origine de langue et poésie françoise, ryme et
romans* (Paris, 1581), p. 53; Jacques Peletier du Mans, *L'Art Poetique,*
ed. André Boulanger (Paris, 1930), pp. 155, 159-60.

[87] Vauquelin de la Fresnaye, *L'Art Poétique,* ed. Georges Pelissier (Paris,
1885), Livre II, p. 109. The "luy" in the quotation refers to Baïf. As Thieme,
Essai sur l'histoire du vers français, p. 36, remarks however: "L'on peut voir
par ce témoignage et par d'autres du temps que la langue française qui était
plus susceptible de s'adapter à ces efforts en faveur de la quantité qu'elle
le fit aux siècles suivants. Il est absolument indispensable de ne pas perdre
cet objet de vue, quand on considère la question de rythme et les essais
modernes de vers libres."

lyre et autres instrumens." [88] He counselled the apprentice to vary feminine with masculine rimes in order to form verses "propres à la Musique & accord des instrumens, en faveur desquelz il semble que la Poesie soit née." [89] Poetry lacking musical or vocal accompaniment was considered as were "les instrumens sans estre animez de la melodie d'un plaisante voix." [90] "A son Lut" was an orthodox praise of the divine power possessed by music:

> Tandis qu'en l'air je souffleray ma vie,
> Sonner Phebus j'auray tousjours envie,
>   Et ses compagnes aussi
>   Pour leur rendre un grand-merci
> De m'avoir fait poete de nature,
> Aime-musique, ensemble aime-peinture
>   Et Prestre de leurs chansons
>   Qui accordent à tes sons.
> . . .
> Je te salue, ô Lut harmonieux,
> Raclant de moy tout le soin ennuieux,
>   Et de mes amours tranchantes
>   Les Peines, lors que tu chantes. [91]

Ronsard's preoccupation with relations between lyric and musical harmony helped to explain Jean-Antoine de Baïf's experiments with measured verse and the eventual founding of the *Académie de Poésie et de Musique*. In a poem to Charles IX, "Au Roi," Baïf described his childhood and apprenticeship to poetical development in the classical manner:

> De la (Grand heur à moy) mon pere me retire :
> Me baille entre les mains de Dorat pour me duire :
> Dorat qui studieux de mont Parnasse auoit
> Reconny les detours : et les chemins sauoit
> Par où guida mes pas. O Muses, qu'on me done

---

[88] *Abbregé*, pp. 27-28. See Charles Comte and Paul Laumonier, *Ronsard et les musiciens du XVIe siècle* (Paris, 1900), for the influence of music on Ronsard.

[89] *Abbregé*, p. 9. See Paul Masson, "L'Humanisme mesuré en France au XVIe siècle : Esai sur la musique 'mesurée à l'antique'," in *Mercure Musical et Bulletin Français de la Société Internationale de Musique*, April, 1907 (333-366) and July, 1907 (677-718).

[90] *Ibid.*

[91] *Œuvres*, II, pp. 725, 728.

De Lorier et de fleurs vne fréche courone,
Dont j'honore son chef. Il m'aprit vos segrets
Par les chemins choisis des vieux Latins & Grecs.
    C'est par luy que sortant de la vulgaire trace,
Dans un nouveau sentier moy le premier je passe,
Ouurant à vos François vn passage inconu,
Que nul parauant moy dans France m'a tenu.
Nul poete ne s'est vu tant osé d'entreprendre
D'y entrer seulement: Par où m'y doy-je prendre?
Ie ne voy rien frayé: ie n'y voy rien ouuert;
Le voy tout de haliers et de buissons couuert.
Laisseray-je d'y aller? La force et le courage
Ne me faudront jamais: i'ouuriray le passage.
A la peine endurcy tout je traverseray:
Et brosses et rochers hardis je passeray. [92]

The classical education that Baïf had obtained under the inspiring leadership of Jean Dorat prepared him to follow the strictest innovations of the humanists. He undertook a complete reform of French spelling and pronunciation in conformity with his own ideas on phonetics.

    Autant que sentons de voyeles
    Diferentes, autant pour elles
    Il faut de lettres assurer.
    Autant qu'aurons de consonantes,
    Il faut de marques diferantes,
    Pour chacun Son bien-figurer.
    Ainsi prenant sa droite forme,
    L'écrit au parler se conforme:
    Ainsi lon note le vray son,
    Des syllabes & des diftongues,

---

[92] *Euures en Rime*, ed. Marty-Laveaux (Paris, 1881), I, vi. Chamard, "Versification," *loc. cit.*, p. 496, neatly sums up the difference between the literary humanism of the practitioners of measured verse and the musical humanism of Baïf: "Toutes ces tentatives avaient un trait commun: elles n'étaient que des essais de restauration pure et simple de la métrique ancienne, *abstraction faite de tout rapport avec la musique*. Ce n'était là, pourrait-on dire, qu'en humanisme littéraire, inspiré seulement par le fétichisme de l'antiquité. Baïf eut une idée nouvelle, et qui fait son mérite propre: ce fut de travailler à la création d'un humanisme musical." Ronsard and La Taille and other initiators were concerned merely with literary initiation, while Baïf attempted a union of the arts of music and poetry.

> Des breves d'auecques les longues,
> Et du haut & du grave ton. [93]

Baïf wished to demonstrate that French could take its place with dignity beside the more sophisticated classical languages and that the doctrine of imitation could manifest itself in various ways.

Two treatises attributed to him, "l'une *de la prononciation fran-çoise,* et l'autre *de l'art metric ou de la façon de composer en vers,"* have unluckily been lost, but Augé-Chiquet has been able to reconstruct in part, from the poetical works, the general theory. [94] The systems stipulated numerous complicated formulae: all diphthongs are long; vowels which are the result of a contraction are long; the sound *eu* is always long; all vowels followed by a double consonant (provided the second is not a liquid) are long; a vowel followed by a mute *s* is long; a tonic vowel which receives hiatus before a mute *e* is long, a vowel followed by a cedilla is long; a vowel followed by a *z* is long; a vowel followed by two consonants (when the second consonant is a liquid) may be either long or short; a short vowel followed by an "l mouillée" or an "n mouillée" is either long or short. [95] With such hypothesis, Baïf published his "vers mesurés," the *Etrenes de Poezie Fransoeze an Vers Mesurés,* a group of poems conceived of entirely in accordance with phonetic spelling and quantity. Beside this highly intricate system of phonetics, the modest theories of La Taille appeared as a model of clarity and order.

In a poem entitled "A son liure," Baïf told how he met the musician Joachim Thibault de Courville and how their mutual interest in music and poetry resulted in an idealistic union of the two arts:

> Qui me fit, pour l'art de Musique
> Reformer à la mode antique,
> Les vers mesurez inuenter,
> Et si quelcun autre se vante

---

[93] *Ibid.,* III, pp. 4-5.

[94] Mathieu Augé-Chiquet, *La Vie, les idées, et l'œuvre de Jean-Antoine de Baïf* (Paris, 1909), p. 347.

[95] *Ibid.,* pp. 347-49. See Chapters VIII and IX for his complete analysis of Baïf's reformed spelling, his theories on measured verse, and the general relation of music to poetry in Renaissance France.

D'auoir pris le premier la sante,
Sans mentir nous nous vanterons
Davansant leur tardiue course,
Que nous, des Muses en la sourse
Les premiers nous des-alterons. [96]

As a means of strengthening the bond of these two sister arts, Thibault and Baïf decided to institute an academy, the first of its kind in France, the *Académie de Poésie et de Musique*. The *Statuts* of this institution were extraordinarily significant, for music was immediately extolled at the expense of poetry. Measured verse was early discarded in favor of an academic solidarity:

> Afin de remettre en usage la Musique selon sa perfection, qui est de representer a parole en chant accomply de son harmonie et melodie, qui consistent au choix, regle des voix, sons et accords bien accomodez pour faire l'effet selon que le sens de la lettre le requiert, ou resserrant ou desserrant, ou accroississant l'esprit, renouvellant aussi l'ancienne façon de composer Vers mesure pour y accommoder le chant pareillement mesuré selon l'Art Metrique. Afin aussi que par ce moyen les esprits des Auditeurs accoustumez et dressez à la Musique par forme de ses membres, se composent pour estre capables de plus haute connoissance, aprés qu'il seront repurgez de ce qui pourroit leur rester de la barbarie, sous le bon-plaisir du Roy nostre souverain Seigneur, nous avons convenu dresser une Academie ou Compagnie composée de Musiciens et Auditeurs sous les loix et conditions qui ensuivent. [97]

The conditions imposed were all concerned with music, with the musical aspect of the society:

> Que tant les Musiciens que les auditeurs ne contreviendront en rien dans l'Academie aux lois publiques de ce Royaume ... Les Musiciens seront tenus tous les jours de dimanche chanter et reciter leurs Lettres et Musique mesurées ... Nul des Musiciens à part ne fera entrer aucun, sinon du consentement de toute leur Compagnie.
> ...

---

[96] *Euures*, II, p. 461.

[97] Augé-Chiquet, op. cit., p. 434. Cf. Edouard Fremy, *L'Académie des derniers Valois* (Paris, 1887), especially pp. 26-53.

Jureront les Musiciens ne bailler copie aucune des chansons de l'Academie ...
Ne pourra aucun des Musiciens se départir de la Compagnie... Advenant qu'aucun des Musiciens tombast malade ... [98]

These extracts indicate that poetry was subordinated to the larger and more challenging concept of restoring a harmony of the arts which had existed in classical culture. The *Lettres patentes* of Charles IX made this quite clear:

A ces causes et ayant veu la Requeste en nostre Privé Conseil, presenté par nos Chers et bien Amez, Jean Antoine de Baïf et Joachin Thibault de Courville, contenant que depuis trois ans en ça ils auroient avec grande estude et Labeur assiduel unanimement travaillé pour l'advancement du langage François, à remettre sus, tant la façon de la Poesie, que la mesure et reglement de la Musique anciennement usitée par les Grecs et Romains, au temps que ces deux nations estoient plus florissantes, et que des cette heure pour le peu qu'il y ont employé, ils auroient desja parachevé quelques essays de Vers mesurez mis en Musique, mesurée selon les lois a peu prés des Maîtres de la Musique du bon et ancien âge. Et qu'aprés l'entreprise loüable, menée jusques à tel point, ils n'ayent pû penser ny trouver meilleur moyen de mettre en lumiere l'usage des Essays heuresement reüssis, desirans non seulement retirer fruict de leur labeur, mais encore suivant la pointe de leur premiere intention multiplier la grace due Dieu leur auroit élargie, que dressans à la maniere des Anciens, une Academie ou Compagnie composée, tant de compositeurs, de Chantres et Joüeurs d'Instrumens de la Musique, que des honnestes Auditeurs d'icelle, que non seulement seroit une Eschole pour servir de Pepiniere, d'où se tireront un jour Poetes et Musiciens, par bon Art, instruits et dressez pour nous donner plaisir mais entierement profiteroient au public, chose qui ne se pourroit mettre en effet sans qu'il leur fust par les Auditeurs subvenu de quelque honneste loyer pour l'entretien d'eux et des Compositeurs, Chantres et Joueurs d'instrumens de leur Musique, ny mesme entreprendre sans nostre adveu et permission. [99]

---

[98] *Ibid.*, pp. 434-35.
[99] *Ibid.*, p. 437.

Only through royal protection was the *Académie* able to function. When the exigencies of the civil war against the Protestants required the expenditure of state funds in other channels, and when Charles IX died in 1574, the brief career of the *Académie* came to an abrupt end, and with it Baïf's hopes of molding poetry and music into a third reality. Quantitative verse was based on an untenable hypothesis, a desire to emulate the ancients; Baïf, however, had attempted more in his musical humanism — a union of the arts. [100]

V

The concern with prosody in Renaissance Europe was a natural outcome of humanism and the emphasis upon classical literature and classical literary principles. [101] At the same time we may see the ripening of the vernacular languages and their ability to succeed and uphold an earlier tradition. Between these two overlapping influences lay a large area conducive to experimentation by trial and error. (One such group of documents comprised the corpus of quantitative verse, a theory incommensurate with the needs of the vernacular languages.) Yet, this elite or esoteric movement was a necessary phenomenon to convince the vernacular prosodists that their systems were in need of elucidation and revision. Intellectual curiosity, which constitutes the greatest contribution of this humanistic endeavor, is but another facet in the spacious philosophy that has come to be associated with the Renaissance. New material for the revitalization of ideas is always welcome, for a "host of problems remain to be investigated, not only the larger problems of reinterpretation and synthesis of known data, but also those that are more minute, involving a search for unknown details tucked away in unpublished manuscripts." [102]

---

[100] See Edouard Fremy, *op. cit.*, for a complete account of the beginnings of the French academy.

[101] For some of the problems relating to the reform of English prosody, see Wallace K. Ferguson, *The Renaissance in Historical Thought* (Cambridge, 1948), pp. 268-69; *Elizabethan Critical Essays*, Vol. I, ed. G. Gregory Smith (Oxford, 1904), xxxvii; Bruce Pattison, *Music and Poetry of the English Renaissance* (London, 1948), p. 62; Richard Mulcaster, *Elementarie*, ed. E. T. Campagnac (Oxford, 1925).

[102] Ullman, *op. cit.*, p. 118.

The discovery and reinterpretation of Renaissance data is, of course, not limited to unpublished manuscripts. In hitherto obscure printed texts, of which Jacques de La Taille's LA MANIERE is an excellent example, additional material is being brought to light on the whole question of humanism and imitation. Although LA MANIERE cannot be classified as a truly revolutionary document in the history of quantitative verse —Alberti and Dati and Tolomei in Italy; de Boteauville in France had already discussed this phenomenon— it does possess clarity, order, and completeness in its treatment of quantitative verse, metrical feet, and rhetorical figures and licenses. Futhermore, the verve and naive spontaneity with which La Taille presented his materials indicate the tangible proof of the interest in the whole complex of ideas fostered by Renaissance doctrine.

LA MANIERE DE FAIRE DES VERS EN FRANÇOIS, COMME EN GREC ET EN LATIN [103]

Au Lecteur

Le deuil et le juste dépit (lecteur que j'ai de voir nostre poësie toute souillée et abastardie par un tas d'esclaves imitateurs qui se sont impudemment fourrez entre les plus sçavans d'aujourd'hui, m'a tellement dégousté de nostre rime, pour la voir aussi commune aux indoctes qu'aux doctes, et ceux la autant authorisez en icelle que ceux ci, que je me suis propose une nouvelle voie pour aller en Parnasse, non encore frayee que des Grecs et des Latins, et qui pour son industrie et trop plus grande difficulté que celle de la rime, sera comme j'espere, inaccessible à nos rimasseurs d'aujourd'hui:

---

[103] The text utilized is the edition of 1573, Paris, Chez Frédéric Morel, the only edition that was printed *(Bibliothèque Nationale: Réserve,* Ye. 4272). This same text is also found in an edition of the works of Jean de La Taille (his eldest brother), *La Famine, ou les Gabeonites, ensemble plusieurs autres Œuvres poetiques de Iehan de la Taille de Bondaroy, 1573 (Bibliothéque Nationale: Reserve,* Ye. 1818-1822). Avenir Tchemerzine in his *Bibliographie d'editions originales et rares d'auteurs français,* Vol. III (Paris, 1933), p. 108, attests to the rarity of this edition.

For a thorough discussion of the history of the language of Renaissance France see Ferdinand Brunot, *Le Seizième siècle* (Vol. II of *Histoire de la langue française des origines à 1900),* (Paris, 1906); and Ch.-L. Livet, *La Grammaire française et les grammairiens du XVIe siècle* (Paris, 1859). Also to be consulted are Emile Littré, *Histoire de la langue française* (Paris, 1882) and Jean Palsgrave, *Eclaircissement de la langue française* (Paris, 1832).

The best available dictionary is that of Edmond Huguet, *Dictionnaire de la langue française au seizième siècle,* 5 vols. (Paris, 1925-52). Other useful works are: Frederic Godefroy, *Dictionnaire de l'ancienne langue française,* 10 vols. (Paris, 1881-1902); Darmesteter et Hatzfeld et Thomas, *Dictionnaire générale de la langue française* (Paris, 1890-1893); and Emile Littré, *Dictionnaire de la langue française* (Paris, 1910).

ou s'ils s'en veullent mesler, ils seront contrains de se ronger les
ongles, et de mettre plus de peine à se limer, qu'ils n'ont fait jusques
ici. [104] Et combien que de ma part je me fusse tousjours mis à
escrire comme les autres en vers rimez, jusques à y parfaire des
Comedies, Tragedies, et autres œuvres poetiques qui mesmes ont
bien cest heur (pour n'en dire autres choses) de plaire aux grands
Seigneurs et Dames de ce temps : combien par iceus, di-je, j'eusse,
possible merité de n'estre pas du tout mis au dernier ranc des Poetes,
si je les voulois mettre en lumiere. [105] Toutefois faisant comme ce

---

[104] Note the similarity in phrasing between this passage and one in
Ronserd's *Abbregé*, pp. 6-7: "Tu seras laborieux à corriger & limer tes vers,
& ne leur pardonneras non plus qu'un bon jardinier à son ante, quand il
la voit chargée de branches inutiles ou de bien peu de proufficit." In
sixteenth century criticism an important distinction is made between the
true poet and the mere versifier. In the "Elegie de Pierre de Ronsard à J.
Grevin," Ronsard makes a sharp contrast between the mere versifier and the
poet inspired by divine fire:

> Deux sortes il y a de mestier sur le mont
> Où les neuf belles Seurs leurs demeurances font :
> L'un favorise à ceux qui riment & composent,
> Qui les vers par leur nombre arrangent & disposent
> Et sont du nom du vers dicts versificateurs :
> Ils sont du nom du vers seulement inventeurs,
> ... ...
> Ils sont comme apprentis, lesquels n'ont peu atteindre
> A la perfection d'escrire ny de peindre :
> Sans plus ils gastent l'encre, & broyant la couleur
> Barbouillent un portrait d'inutile valeur.
> L'autre preside à ceux qui ont la fantaisie
> Esprise ardentement du feu de Poesie,
> Qui n'abusent du nom, mais à la verité
> Sont remplis de frayeur & de divinité. (*Œuvres*, XIV, pp. 105-06).

For a reiteration of this idea see the *Abbregé* (*Œuvres*, XIV, pp. 16-17) and
his posthumous *Préface sur la Franciade*, *Œuvres*, XVI, pp. 335-36: "Tout
ceux qui escrivent en Carmes, tant doctes puissent ils estre, ne sont pas
Poëtes. Il y a autant de difference entre un Poëte & un versificateur, qu'entre
un bidet & un genereux Coursier de Naples... Ces versificateurs se contentent
de faire des vers sans ornement, sans grace et sans art..." Cf. Du Bellay,
Deffence, II, xi, pp. 169-71, 173 ; Thomas Sebillet, *Art poetique françoys*
(1548), ed. Gaiffe (Paris, 1910), I, ii, pp. 19-20 ; Jean de La Taille, *Œuvres*,
pp. 65-65v.

[105] There is no doubt that the La Taille considered themselves among the
literary elite. In an "Epistre" to the tragedy of *Daire*, Jean eulogizes his
brother in the highest terms : "Et si le souverain moteur de l'univers lui eust
presté autant de vie et d'heur, que de scavoir, il eust bientost en la carriere

grand Romain, qui mieus aima n'avoir point de statue à Corinthe, que de l'avoir à la foulle de tant d'autres Capitaines et gendarmes inconnus, j'ai mieus aimé laisser mes livres aux tenebres ou ils sont (si possible je ne me ravise ci apres) que de les voir offusquez (ce qui soit dit sans arrogance) par la multitude de tant d'autres escrivains qui fourmillent en ceste université de Paris, et qui ne servent d'autres choses que de faire r'encherir l'ancre et le papier. [106] Quant à ceux qui m'allegueront que nostre parler vulgaire n'est pas propre ni capable à recevoir des nombres et des piedz, Je leur respondrai (comme a desja fait le poete Angevin) que c'est sottie de croire que telles choses procedent de la nature des langues plustost que de la diligence et du labeur de ceux qui s'y veullent employer, en quelque langue que ce soit: et certes si nos aieux se fussent meslez aussi bien d'admettre les quantitez à nos syllabes comme ils on fait des rimes, nous ne trouverions pas aujourd'hui cela si estrange qu'il

---

des Muses jesté la poussiere, et le Soleil, en la veuë (ainsi que vous mesme pourrez juger par ses vers) de nos Poëtes françois, voire des plus excellents, et non seulement de ceux qui si dépiteusement déchirent, et tirent au poil noster pauvre Poësie, et n'y entendent rien: M'asseurant, Monsieur, si vous eussiez cogneu autant par hantise, comme vous pourrez faire par le peu de ses escripts abortifs, que vous eussiez jugé qu'il avoit desja en soi la gravité de Ronsard, la facilité de Du-Bellay, et la promptitude de Jodelle (*Œuvres*, p. 2)."

[106] This allusion is undoubtedly taken from Plutarch's *Life of Cato*, XVIII-XIX. See Plutarch, *Vitæ*, Paris, 1857.

In his *L'Art de la Tragédie* Jean de la Taille again emphasized the sad plight of contemporary poetry: "Et voudrois bien qu'on eust banni di France telles ameres espiceries qui gastent le goust de nostre langue, et qu'au lieu on y eust adopté et naturalisé la vraie Tragedie et Comedie, qui n'y sont point encor à grand' peine parvenues, et qui toutefois auroient aussi bonne grace en nostre langue Françoise, qu'en la Grecque et Latine ... Que nos jeune courtisans en haussent la teste tant qu'ils voudront, lesquels voulant honnestement dire quelqu'un fol, ne le font qu'appeler Poëte ou Philosophe, soubs ombre qu'ils voient (peut estre) je ne sçai quelles Tragedies, ou Comedies qui n'ont que le tiltre seulement sant le Subject, ni la disposition, et une infinité de Rimes sans art ni science, qui font un tas d'ignorants, qui se meslants aujourd'hui de mettre en luminere ... tout ce qui distille de leur cerveau mal timbré, font des choses si fades, et malplaisantes, qu'elles deussent faire rougir de honte les papiers memes, aux cerveau desquels est entrée ceste sotte opinion de penser ... qu'on devienne naturellement excellent en cest art, avec une fureur divine sans suer, sant feuilleter, sans choisir l'invention, sans limer les vers, et sans noter en fin de compte qu'il y a beaucoup de Rimeurs, et peu de Poëtes. (*Œuvres*, pp. 4-5)."

semble à d'aucuns. [107] Mais qui nous engardera d'en faire autant que
les Hebreus, qui ont en leur langue (à ce que dit Josephe) premiers
que les Grecs et les Latins, mesuré leurs syllabes et inventé les vers
Heroiques? [108] Nostre langue vous semble-t-elle plus impropre et
rude que la leur? Quant a ceux qui disent, qu'on se doit contenter
de la rime: Je di au contraire, qu'on ne doit point sçavoir mauvais
gré à celui, qui pour enrichir nostre vulgaire veut user de ce nouveau
genre de poesie: auquel j'aimerois mieux estre un Achille qu'un

---

[107] "le poete Angevin" is Joachim Du Bellay, born in the province of
Anjou at the castle of La Tumeliére near the village of Lire. There are several
passages in the *Deffence* to which La Taille could be referring: I, i, pp.
12-13; I, ix, pp. 51-52. Chamard's footnotes (1 and 2) on p. 62 shed further
light on this matter. For the influence of Du Bellay," on la Taille see
Raymond Lebègue, "Dans l'Entourage de Du Bellay," in *Bibliothèque d'Humanisme et Renaissance*, IV, 1944, pp. 171-76. Lebègue notes the relation
between Part I, chapter ix of the *Deffence* and *LA MANIERE* and refers
to a little-known sonnet of Du Bellay which is found at the end of Jacques
de la Taille's tragedy, *Alexandre*:

A L'Auteur

Pour avoir introduit le Cothurne nouveau,
Et premier enrichi la Scene des François
Pour avoir exprimé la magnifique voix
De Sophocles, et pillé tout ce qu'il a de beau:
Pour nous avoir pourtraict, ainsi qu'en un tableau,
L'insconstance du Sort, et le malheur des Rois,
En lieu de salle bonc, salaire des Grejois.
Tu merites sur tous de l'hierre le chapeau,
Tu merites l'honneur d'avoir hors de l'oubli
Tiré la tragedie, et d'avoir restabli
Ce poeme divin, et di ne vramient
Que pour liu desormais lon bannisse d'ici
Tant de Moralitez et de Farces aussi,
Que contre vieil François ont farci longuement.
                    Coelo Musa Beat. (*Œuvres*, p. 29v.)

Cf. also La Taille's sonnet on the death of Du Bellay, *Œuvres*, p. 78. verso.
In his *Grammaire* (Paris, 1572) pp. 44-45, Pierre de la Ramée (Petrus Ramus)
bemoans the lack of quantity in French verse and pleads for its inclusion in
French prosody.
[108] Undoubtedly a reference to the Jewish scholar of early Christian times,
Flavius Josephus (Flave Josephe), who, in his *Apologie contre Apion Alexan-
drin*, trans. Jean le Frère (Paris, 1569), pp. 277-329, eulogizes the accomplish-
ments of the Israelites and demonstrates that their civilization preceded that
of the Greeks, and by inference, that their poetry was at least on the level of
Greek poetry. See especially Book I, versets 1-8, and Book II, versets 1-8.
The above work was readily available to Jacques de La Taille in many
Greek and Latin versions (e.g. Flavii Josephei, *Opera*, Basileae, 1544).

Diomede entre les rimeurs, encor que je ne vueille blamer la rime, ni destourner ceux qui ont en icelle commencé quelque grand œuvre. [109] Mais aussi a ceux qui en sont souls et degoustez pour la raison que j'ai ditte, j'ai bien voulu dedier ce petit Traitté, non tant pour les enseigner que pour les encourager: petit, je dis, car je ne l'ai fait que pour estre un preface à quelques miens opuscules composez en ceste maniere de vers lesquelz je te monstrerai bien tost, si je voi par ceci que la façon d'iceux te plaise. [110]

---

[109] Du Bellay, *Deffence,* II, xii, pp. 193-94, uses the same allusion to describe the equality of the French language with the classical tongues: "Il me semble... qu'apres ceux que j'ai nommez, tu ne doys avoir honte d'escrire en ta Langue: mis encores doibs-tu, si tu es amy de la France, voyre de toymesmes, t'y donner du tout, avecques ceste genereuse opinion, qu'il vault mieus estre un Achille entre les siens, ou'un Diomede, voyre bien souvent un Thersite entre les autres." The obvious source of this allusion is the contrast of Achilles and Diomedes in Homer's *Iliad.*

[110] In an "Epistre" to his *Recueil des Inscriptions, anagramatismes,* et *autres Œuvres Poetiques,* he repeats the same wording: "Ce qui m'a faict tant haster, ami Lecteur, et quasi precipiter l'impression de ce peu de mon ouvrage, n'est pour gloire que j'en pretende avoir, mais c'est seullement à fin qu'il serve du Proeme, et comme d'advant-coureur à mes œuvres de plus grande importance, comme sont les Tragedies, Comedies et autres Poemes nouveaus desquelz j'espere bien tost te faire part si tu prens à gré ce petit Recueil, lequel encor qu'il ne voise sous la sauvegarde de quelque grand Seigneur (comme un tas d'autres livres si ambicieusement dediez) se sent toutefois assez fit et assuré de ta candeur et bienveillance pour ne craindre le rage et les vains abboys des Envieux." (*Œuvres,* p. 74). G. Baguenault de Puchesse, *Jeant et Jacques de la Taille* (Orléans, 1889), p. 62 characterizes this attitude as typical of the sixteenth century: "Il faut avouer que n'est jamais l'exces de modestie qui arrête les poètes de ce temps."

Charles Marty-Laveaux, in *La Langue de la Pléiade* (Paris, 1896) p. 3, indicates two possible ways in which innovators in literature make known their programs for reform: "Les uns agissant avec une malice quelque peu surnoise, se gardent de nous laisser entrevoir les chemins où il nous engagent et les hardiesses qu'ils veulent nous faire accepter. Les autres proclament bien haut des réformes qui ne sont encore qu'en projet; leur premier écrit est le programme detaillé de leurs tentatives, plusieurs d'entre elles demeurent en chemin, mais la fastueuse annonce qui a été faite reste célèbre, et suffit pour transformer aux yeux de beaucoup leurs projets en actes, et leurs aspirations en realité." The scheme for quantitative verse advanced by La Taille is representative of the latter type.

MUSÆ GALLICÆ

Quae modò reptebas humilis, non culta, tuísque
    Spreta, tibi dedimus, patria Musa, pedes.
I nunc, ecce tibi spaciosos visere campos
    Graiugenum tandem, Romulidúmque datur.
Quin tibi cum pedibus qui dei quoqe forsitan alas
    Queis super astra voles, Dædalus alter erit. [111]

NOUVELLE MANIERE DE FAIRE DES VERS COMME LES GRECS ET LES
LATINS

L'ordre que nous suivrons en cest' Epitome, ce sera en premier
lieu d'escrire sommairement de la quantité et mesure de nos syllabes,
puis des pieds, et des vers, dont nous pourrons user, et finalement
des figures et licences que nous pourrons prendre en iceux. Or
quant à la definition de Pied, de Carme, de Lettre, quelles sont
liquides, quelles sont muettes, de syllabe, des voix, et de leurs differences, de quantité, quant à leurs accidens, et tant d'autres menus
enseignemens, Je r'envoye ceux qui les voudront voir à ces Gram-

---

[111] In these Latin verses, La Taille compares the Gallic muse to the
mythological figure of Daedalus who rose high into the heavens with ar-
tificial wings of wax. He implies that he has rescued the French muse from
ignominy and disrepute. The psychological necessity of equalling and sur-
passing the Greeks and Romans is a basic principle of the French Renaissance. Du Bellay in the *Deffence* makes it the core of his literary reform.
It is a paradox that, at the moment the masterpieces of classical literature
were being revived, the vernacular languages had assumed their rightful roles
as media of expression. This subtle process of osmosis provides the foun-
dation for later controversies over the respective merits of the Ancients and
the Moderns.

mairiens qui les ont si curieusement (que je ne die superstitieuse-
ment) epluchez en leur Prosodie. Mon principal but est de montrer
que nostre quantité n'est si malaisée à discerner qu'aucuns pensent
ni mesmes tant que celle des Grecs et des Latins. Mais avant que
d'en deduire les raisons, nou commancerons à mesurer nos syllabes
par les reigles plus generalles, et qui nous sont communes avec les
Grecs et Latins. [112] Au reste nous marquerons les longues ainsi —,
et les breves en ce point ∪, et les communes de tous les des deux ‿.

De la Regle que les Latins nomment Position

Toute syllabe en laquelle une voyelle precede deux consones, est
longue, comme Añge, hõmme etc. ou ces deux lettres doubles X et Z,
encor que nous n'usions nullement de la premiere, sinon aux mots

---

[112] This is the basic premise of the critical essay: the suitability of quantitative verse to the needs of sixteenth century French poetry. La Taille
assumes the premise and immediately proceeds to fit French verse into the
classical pattern — all this without inquiring into the nature and character-
istics of classical and modern prosodic systems. For a discussion of quantitative verse, the following works will prove useful: Louis Benloew, *Rythmes
français et rythmes latins* (Paris, 1862); E. Cézard, *La Prosodie latine simplifiée et expliquée* (Beaune, 1903); A. - Ed. Chaignet, *Essais de métrique
grecque* (Paris, 1887); Louis Havet, *Abrégé de métrique grecque et latine*
(Paris, 1894) and *Cours élémentaire de métrique grecque et latine* (Paris,
1886); J. B. Mablin, *Mémoire sur ces deux questions...* (Paris, 1815); Edelstand du Méril, *Essai philosophique sur le principe et les formes de la versification* (Paris, 1841); Gaston Paris, *Etude sur le role de l'accent dans la
langue française* (Paris, 1862) and *Lettre a M. Leon Gautier sur la versification latine rythmique* (Paris, 1886); Charles Thurot and Emil Chatelain,
Prosodie latine suivie d'un appendice sur la prosodie grecque (Paris, 1882);
Henri Weil and Louis Benloew, *Théorie générale de l'accentuation latine*
(Paris, 1885). For the nature of French prosody see: L. Becq de Fouquières,
Traité générale de versification française (Paris, 1879) and *Traité élémentaire
de prosodie française* (Paris, 1881); Léon Bellanger, *Etudes historiques et
philologiques sur la rime française* (Paris, 1876); Louis Benloew, *Del'accentuation dans les langues européennes* (Paris, 1847); Eugène d'Eichthal, *Du
rythme dans la versification française* (Paris, 1892); Maurice Grammont,
Le Vers français (Paris, 1913); Jules Guillaume, *Le Vers français et les
prosodies modernes* (Bruxelles, 1898); J. Mothéré, *Les théories du vers hé-
roïque anglais et ses relations avec la versification française* (Havre, 1886);
Thomas Rudmose-Brown, *Etude comparée de la versification française et
de la versification anglaise* (Grenoble, 1905); Antonio Scoppa, *Traité de la
poesie italienne rapportée à la poésie française* (Paris, 1803); Hugo Paul
Thieme, *Essai sur l'histoire du vers français* (Paris, 1916) and *The Technique
of the French Alexandrine* (Ann Arbor, 1897); Adolphe Tobler, *Le Vers
français ancien et moderne* (Paris, 1885).

qui viennent du Latin, ausquels mesmes aucuns des nostres ont voulu
mettre deux S S en lieu de l'X, à la mode des Italiens, et dire Ales-
sandre, Polyssene, essemple etc. [113] Quant au Z, elle est propre et
naturelle à nostre prononciation, et ne se doit pas seulement escrire
à la fin des noms et verbes pluriers, mais aussi en la place de l'S
qui est entre deux voyelles comme tresbien nous ont enseigné ceux
qui ont reformé nostre Ortographe. Et combien que moi-mesmes
je ne l'aie observée, pour m'accommoder à l'ignorance des Lecteurs,
si est-ce qu'on la doit bien garder principallement en ceste premiere
regle, car nous escrivons souvent par deux consonantes, les syllabes
qui non seulement n'en doivent avoir qu'une, mais aussi qui de
leur nature sont breves, comme la premiere de ces mots Dĕbvoir,
Nĕpveu, Rĕgnard. [114] Et la derniere des tierces personnes des verbes
pluriers, Aimĕnt, donnĕnt, donnĕrĕnt, etc. Nous noterons aussi les
verbes infinitifs en ELER et ETER, ausquels sans raison nous
mettons deux consonantes escrivant, achĕpter, rejĕcter, appĕller,
renouvĕller, veu que la penultiémĕ est bréve. [115] Il est bien vrai que
si en la derniere syllabe de ces verbes : il y a un E feminin, il faudra
allonger la penultiéme par addition d'une consone jumelle et dire
Achette, Rejette, appelle, renouvelle : Mais si la derniere syllabe
est masculine, il ne faudra point adjouter de consone à la precedente. [116] Il reste à noter pour ceste regle, que si les deux consonantes
qui suivent la voyelle sont en une syllabe, et que la derniere d'icelles
soit une R ou une L (que les Latins appellent Liquides alors nonos-
tant la position, la syllabe precedente peut estre breve, comme la
premiere de ces mots : Dĕgré, rĕgret, et la seconde de consăcrer,
horrĭbler, etc. [117] Quelquefois communes comme Tĕnebres, ătlant,
nom propre.

---

[113] For the rules of Greek and Roman prosody, see Thourot and Chatelain, *op. cit.*, pp. 2, 93-94, 97-122. In Italy Claudio Tolomei had already
published a short treatise entitled *Regolette della Nuova Poesia Toscana*
(1539) in which he tried to adapt Italian to classical prosody. This work is
reprinted in Giosue Carducci, *La Poesia barbara nei secoli XV. et XVI.*
(Bologna, 1881).

[114] See pp. 18-19 of introduction for a discussion of the tonic accent in
French.

[115] See 114 above.

[116] La Taille is again using a principle of French prosody to explain his
reason for lengthening the penult by the addition of a "consonne jumelle."

[117] It is not the liquids which determine the final choice, but again the
principle of the tonic accent.

Quelle quantité a la Voyelle devant une autre

Toute voyelle qui precede une autre voyelle, est breve, comme haïr, tŭer, fĕal, etc. [118] Tu pourras excepter quelques noms propres, comme Israāēl, Licāon: lesquels (selon que leur accent le monstrera) retiendront la mesme quantité en François qu'ils ont en Latin. Tu dois aussi excepter les voyelles qui sont devant l'E feminin, car elles sont tousjours longues comme, vīe, honorēe, vaincūe. Mains sur tout tu prendras garde aux diftongues qui se font quand deux voyelles ne sont qu'en une syllabe, comme en ces mots: miēl, cieūs, riēn, et autres, dont nous allons parler.

Des Diftongues [119]

Les Diftongues sont longues, mais elles ne sont toutes d'une sorte: les unes se font quand en deux voyelles il y a un tiers son, ne tenant ni de l'une ni de l'autre, comme en ces quatre ci AI, AU, EU, OU, émāil, autēur, heurēux, louēr. Il y a trois autres diftongues où les deux voyelles retiennent leur son EI, OI, OE, peindre, loȳal, Françōes, encor que nostre ortographe depravée n'use point de la derniere, escrivant tousjours, OI pour OE. A ces trois dernieres diftongues nous adjousterons les deux voyelles qui ne font qu'une syllabe (comme nous avons desja dit) encor' qu'elles se doivent prononcer plus distinctement que les trois autres, et quasi comme estant en deux sillabes. Ce les sont ici, AY, payant, essayer. IE Pierre, siecle, miel, pié: il se fait en tout les noms terminez en IER, et aux substantifs en IEN, excepté Lien, Fien, etc. Item il se fait en la penultieme des mots finissans en IECE, IEGE, IEME, IETTE, IERGE, IEVE, et des verbes en IENNE, comme Vienne, tienne, etc. Finablement ceste diftongue se fait aux secondes personnes des verbes pluriers en IEZ (pourveu que l'infinitif ne soit en YER) comme Aimiez, Aimassiez, allies, allassiez. IO diftongue se fait en toutes les premiers personnes des verbes pluriers en IONS, venions, aimions, aimassions. Il fault excepter les verbes qui en la premiere personne de l'indicatif singulier se terminent en IE, comme sacrifie, deslie.

---

[118] In classical prosody there are vowels which are long by nature. Cf. Thourot and Chatelain, op. cit., pp. 2, 93-94, 97-122.

[119] Cf. Sebillet, op. cit., I, vii, pp. 73-78.

U voyelle devant I fait tousjours diftongue en tous mots que ce soit, si ce n'est possible aux verbes en UIR, comme fuir, circuir, etc. Il y a quelques autres diftongues bien rares, comme en IA diable. En EA eage, deà, qui est interjection.

Il ne fault pas oublier les Triftongues, desquelles les plus frequentes sont en EAU et en IEU, comme beauté, chasteau, lieu, mieus, Aieul etc. Il y en a quelqu'unes en AOU, comme saoûller, Aoûst, d'ou vient Aoûster, qui aux champs signifie meurir. En IEI, vīeil: En UEI, ūeil, sūeil: en OUI, oui, adverbe.

Quant à l'AE et l'OE des Latins, il nous les fault oster de nostre langue, et les changer en un E simple qui soit long, je di mesmes aux noms propres Ēnee, Phēbus, Cēsar, etc.

Des Syllabes feminines. [120]

Les syllabes qui ont un E feminin sont tousjours breves, non seullement à la fin des vocables, comme, dirĕ, fairĕ: mais aussi au commencement et au milieu, comme dĕmander, chĕval, pauvrĕment, rĕcĕvoir. Or l'E feminin ne peut estre prononcé à une mesme syllabe que devant S et T: et fault encor que ce soit à la fin des mots, s'ils ne sont composez de la preposition DES, car lors l'S doit estre conjointe à l'E feminin en la premiere syllabe, comme Dĕsespoir, dĕshonorer: autrement cest E imparfait ne se joindra à l'S s'elle n'estoit finalle, comme en ces mots: Justĕs, Princĕs, Faitĕs. Au reste il ne se joint avec le T qu'à la tierce personne des verbes pluriers Aimĕnt, aimerĕnt, aimassĕnt, ausquels (comme nous avons ja dit) nous adjoustons à tort une N devant le T, et faisons une position en la syllabe qui de sa nature est breve.

---

[120] The very title of this section, "Des Syllabes feminines", shows that La Taille cannot neglect the nature of the French language. The feminine syllabes does not exist in classical prosody. This is an example of the psychological problem of Renaissance criticism: how to explain and rationalize classical literature in terms of vernacular standars. For an explanation of feminine and masculine syllabes, cf. Sebillet, *op. cit.,* I, vi, pp. 42-60.

Des Syllabes qui precedent les feminines [121]

Si un mot de deux syllabes a la derniere feminine, il faudra que
la premiere soit longue, comme Dīre, chōse, vīce. En cest endroit
nous avertissons le lecteur de ne juger point de la quantité des
syllabes par les conferer aux autres, car combien qu'il y en ait de
plus longues, les unes que les autres, comme Pâme, grâce, prêche,
au regard de Dame, Place, & peche, etc. Toutesfois nous tiendrons
generalement pour longues, toutes celles qui precedent la syllabe
feminine aux mots disyllabes, voire aux trisyllabes qui ont la premiere longue, comme Usāge, Prodīge, Augūre. Aussi voyons nous
clairement que nous ne sçaurions comment prononcer un Dactile
en un mot feminin, tel qu'est utile, fertile, & sommes contrains
d'allonger la penultiéme, qui toutefois seroit breve si l'E feminin
estoit mangé par apostrophe: par laquelle aussi les autres mots
reprendront leur quantité s'elle est breve de nature: Tellement que,
Vie, prie, tue auront la premiere bréve, s'il y eschet Apostrophe,
par la regle que nous avons donnee à la voyelle qui est devant
une autre voyelle. [122] Mais puis que nous sommes tombez sur
l'apostrophe, nous en parlerons un peu.

De l'Apostrophe

L'apostrophe ne se fait donc en nostre langue qu'à l'endroit de
l'E feminin (qu'on appelle autrement bref, imparfait, ou clos) et apres
l'article LA quad elle est devant un mot commençant par une

---

[121] In the margin of this section we find one of La Taille's rare marginal
glosses which reads as follows: "Les Syllabes feminines, qui ont un E feminin".

[122] The preceding sections demonstrate very clearly that the quantitative
and accentual systems can have but an analogous relationship. La Taille
assumes the theory of quantity and forces it upon a language based on an
entirely different set of principles.

Louis Becq de Fouquières, *op. cit.*, p. 72, offers as a possible explanation
for quantitative verse the observation that, in the sixteenth century, French
prosody had yet to attain the precision and maturity characteristic of the
century which followed. Cf. Hugo Paul Thieme, *Essai du vers français*, p. 36.

As late as 1854, Theodore de Bèze (Theodoro Beza), *De francicæ pronuntiatione* (Genève, 1868), pp. 85-90, lists nine rules determining long and
short syllables in French and compares them to those employed in classical
quantity. Cf. Thieme, *op, cit.*, pp. 36-37.

voyelle, comme l'Amour, l'Ire. [123] Au regard de nos autres voyelles, elles ne connoissent point de Sinalephe, comme les Latins et les Grecs, sinon en quelques monosyllabes, comme nous traitterons sur le propos des figures. Or pource que l'Aspiration a plus d'energie et d'efficace en François, qu'en autre langue, nous ne faisons point d'Apostrophe devant les mots aspirez qui sont purement François, telz que Hair, Hardi, Honte, Herault, etc. Quant à ceux qui sont descendus du Latin et du Grec, ils sont tous Apostrophe, et a fin que le Lecteur les puisse discerner, j'ai bien voulu en mettre ici la plus grand part : asçavoir Homme, Humain, Heleine, Habit, Haim ou Hameçon, Hebene, Heure, Herbs, Histoire, Heritier et hoir, Honeste, Hospital, Humble, Hameur, Hostie, Hostel et Hoste, Horreur, Herisson, Hennir, Helas! Hier, Habile, Habiter, Hesiter, Heroique, et tous les mots qui en sont derivez. Voice ceux du Grec qui sont aussi Apostrophe, Hymne, Hypocras, Hissope, Hipothequer, Hydropique, Horloge, Hemorrhoïde, Harmonie, Hiacinte, Hypocrite, Hęretique : et tous les noms propres. Il y a toutesfois quelques vocables purs François, qui ne laissent pas d'apostropher, comme Heureux, Huitre, huit, Huis, Huile : comme au contraire Henri et Haren, ne font point d'Apostrophe, combien qu'ils aient un H en Latin. [124] Venons aux autres Regles, et premierement à la composition.

---

[123] Cf. Ronsard, *Abbregé*, p. 19 : "Toutefois & quantes que la voyelle e est rencontrée d'une voyelle ou diftongue, elle est tousjours mangée, se perdant en la voyelle qui la suit, sans faire syllabe par soy, je dy recontrée d'une voyelle ou d'une diftongue pure, autrement, elle ne se peult manger, quand l'i & v voyelles se tournent en consones, comme *Ie, vive*. Exemple de e, qui se mange, *cruelle & fiere, & dure, & facheuse amertume. Belle au coeur dur, inexorable & fier*. Davantaige i & a voyelles se peuvent elider & manger. Exemple d'a, *L'artillerie, l'amour* pour *la artillerie, la amour*. Exemple de la voyelle i, n'a ceux cy, n'a ceux la. Quand tu mangerois l'o & l'u pour la necessité de tes vers il n'y auroit point de mal, à la mode des Italiens ou plustost des Grecs, qui se servent des voyelles, & diftongues, comme il leur plaist & selon leur necessité." See also la Ramée, *op. cit.*, pp. 46-47, and Etienne Dolet, *La Manière de bien traduire d'une langue en l'aultre* (Lyon, 1540), p. 31. For the history of the word *apostrophe* in French criticism, consult Félix Gaiffe's footnote (3), p. 48, to his edition of Sebillet, *op. cit.*

[124] Cf. Ronsard, *Abbregé*, pp. 19-20 : "L'h quelques fois est note d'aspiration, quelques fois non. Quand elle ne rend point la premiere syllabe du mot aspirée, elle se mange, tout ainsi que faict e foeminin. Quand elle la rend aspirée, elle ne se mange nullement. Exemple de h non aspirée, *Magnanime homme, humain, honneste & fort*. Exemple de celle qui rend la

Des Mots Composez

Tous vocables composez de ces prepositions entieres Sur, Par, En, Re, Des, ont la premiere breve, s'il n'y a position. Quant à ceux qui sont composez de De, ils varient selon la prononciation: car s'ils sont prononcez masculinement, comme Dḗpestrer, Dḗposer, Dḗloyal, Dḗchoir, DE sera long: mais il sera court estant prononcé femininement, comme Dĕlaisser, dĕmander, dĕbat, etc. A et E composition sont longs comme Āverer, ācorder, ēlever, ēprouver, etc. On exceptera Ăvancer qui est composé d'Ăvant: Item Ăvorter pource qu'il est formé de Ab preposition des Latins qui disent abortare. Car il faut entendre que tous les mots composez des prepositions inconnues aux François, telles que Ad, Ab, Prŏ, Prē, ĭn, pĕr, etc. retiennent la mesme quantité en nostre langage qu'ils ont en celui duquel ils sont descendus. J'en veux estre autant entendu des prepositions Grecques, desquelles sont composez ces mots Prophete, Anatomie, Paralitique, Antipodes, Epitaphe, Epigramme, Sinople, Ypocrite, Amphitheatre, Apostre, Cataracte, Dialectique, Metamorphose, et la plus grande partie des noms des Sciences, Artz, et Figures. Mesmes nous usons quelque fois de la Grecque preposition *à* qui signifie privation: Exemple, Atheiste, Amethiste, Abysme, etc. Qui voudra doncques sçavoir la quantité de ces prepositions estrangeres, si les voise chercher en Grec, comme en Latin celle de nos mots composez de deux corrompus, comme Magnifique, Multiplier et autres. De fait nous n'avons point ou bien peu de vocables composez en ceste sorte, qui soient naivement François. Quant aux composez de deux entiers (comme les appelle en Grammaire) ils ne changent point la quantité qu'ils ont estans simples, comme Aīgrĕdous, mālheur. Quant à ceux qui sont d'un entier, et d'un corrompu (car il y a trois sortes de composez) il ne faut ja da regles à part pour apprendre leur quantité. Nous dirons bien en passant que

---

premiere syllabe du mot aspirée & ne se mange point, *La belle femme hors d'icy s'en alla, le Gentil homme hautain alloit par tout.* Tu pourras voir par la lecture de noz Poëtes François l'h qui s'elide ou non. Tu eviteras, autant que la contraincte de ton vers le permettra, les rencontres des voyelles & diftongues qui ne se mangent point: car telles concurrences de voyelles sans estre elidées font le vers merveilleusement rude en nostre langue..."

Mi-corrompu en composition pour Demi est bref: Mĭcheval, mĭcourbe.

Des Mots issus du Latin

Ce que j'ai dit des prepositions Grecques et Latines, il en fault autant dire de les vocables qui sont descendus, ou qui approchent du Latin en mesme signification, de maniere que Sepulchre, impotent, miserable, sedition, et cent mille autres auront, mesmes quantité que Sepulchrum, Impotens, miserabilis, Seditio. Aumoyen dequoi je te r'envoye aux Grammariens Latins, on tant que nostre langue est conforme à la leur, pour apprendre la quantité de la plus grand part de nos syllabes, pourveu que tu ne contreviennes aux Regles que nous venons d'ordonner.

De la Derivaison

Donques la connoissance des langues Latine et Grecque sera necessaire à nostre poëts s'il veult sçavoir la derivaison de nos vocables, et par consequence la quantité d'iceux: car elle sera telle au derivatif qu'au primitif. Ainsi Făçon et văleureus auront la premiere courte pour estre issus de Facio et de Valor. Quant aux autres derivaisons, diminutions, et denominaisons qui sont en nostre langue: il ne fault de preceptes particuliers pour sçavoir leur breveté ou longueur, veu qu'elle depend de leur original. Je ne parlerai point aussi de ce que les Latins appellent increment (qui est accroissement d'une syllabe aux mots qu'on decline) car nos noms de connoissent point de Declinaison: et quant aux Verbes, il n'y a que les Actifs qui se conjuguent. Encor leur conjugaison n'est si diverse, et inconstante que celle des Latins, et l'increment d'icelle trop plus aise à conoistre. Car qui est celui qui ne voie bien qu'aimâtes, aimêrent, entêndites, entêndirent, ont la penultiéme longue, et aimeront breve, par les regles susdittes, ou pour le moins par l'accent?

De l'Accent

Je te di que l'accent te pourra monstrer la quantité en la penultiéme des polysyllabes, car si elle a un ton circumflexe (que les autres appellent declinant) elle sera longue, mais on l'abbregera si en l'antepenultieme il y a un accent esclevé, comme énrăger, íncĭter, endómmăger. Si tu veus plus amplement sçavoir des accens, je te renvoye aux livre qu'en a fait Est. Dolet, et à la Grammaire Françoise de Lois Meigret. [125] Voila doncques Lecteur, sept ou huit Regles des plus notables pour mesurer les syllabes, qui sont au commencement, et au milieu de nos mots. Quant aux finales, jaçoit que leur quantité depende de l'authorité et discretion des Escrivains, toutefois pour ce qu'il est necessaire de la sçavoir j'en traitterai tout d'un train, apres t'avoir adverti, qu'en tous les mots, ausquels nous escrivons une S superflue, la syllabe est longue, encor qu'il n'y aie point de position, comme E̅scrire, Tempe̅ster, Arre̅st, etc. Tu en excepteras quelques uns comme cest, pronom, et autres. Pour certain il n'est possible d'esclaircir exactement la Prosodie Françoise, sans l'observation des Accens et de l'Ortographe reformée. [126] Mais j'atten que le temps abolisse cest usage corrompu, et qui ne sert que de temoignage à nostre ignorance. Venons au point.

La quantité des terminaisons [127]

A. E. I. O. U.

Tous mots terminez en voyelles ont la derniere longue, Aimā, aimé, amī, vaincū. Il ne s'en trouve point en O, si ce n'estoient noms propres. Je m'en rapporte a ceux qui voudront accourcir les adverbes

---

[125] La Taille is here referring to Etienne Dolet, *op. cit.*, especially pp. 25-29, and Louis Meigret's *Le Tretté de la grammere françoeze* (Paris, 1550), pp. 132v-139v.

[126] Cf. Du Bellay, *Deffence*, II, vii, p. 149: "Si l'orthographe Françoyse n'eust point éte depravée par les practiciens et pource que Loys Meigret, non moins amplement que doctement a traite cete partie, Lectuer je te renvoye a son livre. ..." The point in question is the quarrel over reformed spelling initiated by Louis Meigret, a system based upon phonetics. The following works of Meigret touch upon this subject: *Traité touchant le commun usage de l'escriture françoise* (Paris, 1542); *La Reponse de Louis Meigret a l'apolojie de Jáqes Pelletier* (Paris, 1550); *Défenses de Louis Meigret touchant son orthographie françoeze, contre les censures e les calonnies de Glaumalis de Vezelet, e de ses adhérans* (Paris, 1550); *Le Tretté de la grammere françoeze* (Paris, 1550); *Réponse de Louis Meigret à la dézésperée réplique de Glaomalis de Vezelet transformée en Gyllaome des Aotels* (Paris, 1551). For the history of this controversy see Ferdinand Brunot, *op. cit.*, pp. 95-114, 139-45, and Livet, *op. cit.*, pp. 49-142. Cf. Ronsard, *Abbregé*, pp. 28-31. La Ramée also touches upon this question in the preface to his *Grammaire*. Cf. Brunot, *op. cit.*, p. 117.

[127] The marginal gloss reads as follows: "Il ne faut excepter la voyelle feminine."

en A: à sçavoir, de-ja, pieça, etc. Pour le moins tu variras ceux ci, ainsĭ, icĭ, aussĭ, cecĭ, nennĭ, quasĭ. Quant à La Article, et les Pronoms Ma, T. S. ils sont brefs, comme aussi sont quelques autres monosyllabes.

B. C. F. Q. L. R. T. P. G. D.

Tu abregeras toutes les syllabes finissantes en l'une des Consonantes qui s'ensuivent, pourveu qu'il n'y aie point de position, ou diftongue. En B, en D, en G, et en Q, s'il y en a: en C, somme almanăc, avĕc, spĭc, estŏc, Dŭc, etc. En F comme nĕf natĭf, etc. En L, comme Principăl, Eternĕl, subtĭl, fŏl, nŭl, etc. En P, comme Hanăp, Drăp, strŏp, trŏp, sĕp. En R, amĕr, chă, desĭr, ĕncŏr, obscŭr, et tous les verbes infinitifs. En T, comme Abbăt, promĕt, sĕt, lĭt, marmŏt, tribŭt.

M.

M est longue comme Renoɱ̃, surnoɱ̃, Ploɱ̃, Couloɱ̃, et les noms propres Adaɱ̃, Priaɱ̃, Jerusaleɱ̃, Mahoɱ̃: Encor qu'il semblast qu'on la deust accourcir, attendu que les Latins la mangent, et que devant ils l'abbregeoient.

N.

N est aussi incertaine en François comme en Latin, toutesfois que je serois bien d'advis d'allonger les terminaisons en An, comme Pan, Ocean, Titan, An, van, etc. Item les noms patronimiques en IEN, Parisien, Delien, Troien, Tirinthien, etc. Item les noms verbaus en ION, qui en Latin finent en IO, comme opinion, Religion, invention, etc. Item les verbes imperatifs en On, Allon, faisons, dison, etc. Le reste des terminez en N se pourra accourcir selon le jugement des autheurs.

S et Z.

S est longue comme repas̄, regrés̄, logis̄, repos̄, abus̄. Tu excepteras les noms propres qu'on ne peut traduire, tels Phebŭs, Jesŭs, Pallăs, Atlăs, etc. Item les secondes personnes des verbes singuliers en IS, comme choisĭs, predĭs, Entendĭs. Item les pronoms, Mĕs, tĕs, sĕs, et l'article, Lĕs. Item és seconde personne du verbe

Je suis. Păs adverbe est bref. Je te laissez à juger du reste. Quant à Z, elle est toujours longue comme aimez, lettrez, etc.

C'est assez parlé des Quantitez, il est temps de venir aux Vers, pour lesquels elles sont faittes, mais pource qu'iceux consistent en certain nombre de pieds, nous en parlerons premierement.

DES PIEDS.

Le pied est un certain bastiment de Syllabes mesurees, par lequel, ainsi comme avecq des pieds nous allons par tout le vers. De là nous disons Scander les Carmes, quand nous separons et nombrons leurs pieds.

Voici les noms de tous les pieds. [128]

Les disyllabes.

(Le	Pyrriche	◡ ◡	cruel
	Spondee	— —	seigneur
	Iambe	◡ –-	devoir
	Trochee	— ◡	homme.

Les trisyllabes.

(Le	Molosse	— — —	bienheureux
	Tribracque	◡ ◡ ◡	animal
	Dactile	— ◡ ◡	inciter
	Anapeste	◡ ◡ —	diligent
	Amfibracque	◡ — ◡	balance
	Cretique	— ◡ —	verité
	Bacche	◡ — —	triomphant
	Contrebacche	— — ◡	nature.

---

[128] The examples that La Taille utilizes to illustrate classical feet can be understood only in terms of theory — not practice. What is most curious in modern prosody is that we have taken over the nomenclature of classical or quantitative feet and applied it to our accentual system. In T. S. Shipley, *Dictionary of World Literature* (New York, 1952), will be found further explanations for classical feet under the proper headings (*e.g.,* spondee); C. M. Bowra, *Greek Lyric Poetry* (Oxford, 1936) provides in Appendix 4 ample illustrations of the variety of meters employed by Greek lyric poets (pp. 453-58); finally, in the preface to Quintus Horatius Flaccus, *Opera,* ed. N. E. Lemaire, Vol. I (Paris, 1829), pp. 1-20, will be found numerous examples of classical meters with copious illustrations.

Les polysyllabes.

Procleumatique	∪ ∪ ∪ ∪	crucifier
Dispondee	— — — —	incessamment
Choriambe	— ∪ ∪ —	ambicieus
Antispaste	∪ — — ∪	debonnaire
Doubliambe	∪ — ∪ —	honestement
Ditrochée	— ∪ — ∪	alliance
Ionique premier	— — ∪ ∪	encourager
Ionique second	∪ ∪ — —	imitateur
Epitrite 1	∪ — — —	malencontreux
Epitrite 2	— ∪ — —	elegamment
Epitrite 3	— — ∪ —	authorité
Epitrite 4	— — — ∪	inconstance
Paeon 1	∪ ∪ ∪ —	malicieux
Paeon 2	— ∪ ∪ ∪	difficile
Paeon 3	∪ ∪ — ∪	miserable
Paeon 4	∪ — ∪ ∪	remercier.

(Le

Or qui a esté l'inventeur de ces pieds, et d'où c'est qu'ils sont dits, tu l'apprendras des Commentateurs de Dispautere. [129] Tant y a que pour les vers que nous declairerons ci apres nous n'useserons que du Spondée, du Dactile, de l'Iambe, du Trochée, de l'Anapeste, et rarement du Tribraque, du Proceleumatique, et du Cretique, au-moins selon que nous les scanderons : car je n'ignore pas qu'aucuns les scandent autrement que nous, et partant ils changent de pieds.

Des Vers.

Ce seroit chose superflue de dire toutes les manieres de vers, dont tu pourois user à l'imitation des poetes Grecs et Latins, et principallement Lyriques. Il suffira de dechiffrer ceux qui nous doivent estre plus usitez : et (quand tout est dit) je serois d'advis de n'user que d'iceux, si tu ne voulois inventer toimesmes quelque nouvelle mode de carmes qui ne contentast moins l'oreille que le son des autres. Nous voyons qu'Horace en a bien inventé de nouveaux, et tous ceux qui ont escrit des Odes.

---

[129] A reference to Jean Despautère (Jean Van Pauteren), author of *Comentarii Grammatici* which was posthumously published in 1527-28.

DE LA DERNIERE SYLLABE DES VERS.

Avant que de commencer les vers nous t'avertissons, que la derniere syllabe d'iceux n'est subjette à la loi des quantitez, ains tu la
feras longue ou breve à ton plaisir. Mais aussi garde toi bien qu'elle
ne soit feminine, si tu ne voulois imiter les vers Hypermetres de
Virgile esquels une syllabe redonde comme en cestuici. *Aerea cui
gradibus surgebant limina nexáeque Aera trabes*: adonc il faudroit
que le vers suivant commenca par une voyelle qui turoit l'E feminin,
auquel pour ceste cause il ne faudra point adjouster d'S ni de T:
outre que le sens ne devra estre parfait au vers precedent. [130]

Le Vers Heroique.

Le Vers Heroique a six pieds, desquels les quatre premiers sont
Dactiles ou Spondées ainsi qu'on voudra. Le cinquiéme doit estre
Dactile, et le sixiéme Spondée. Example: *Dessur tous animaux
Dieu forma l'homme malheureux.* Voice comme on le scande:
Dessur — — *tous ani* — ◡ ◡ *maus Dieu* — — *forma* — — *l'homme
mal* — ◡ ◡ *heureux* — —. Il faut bien prendre garde que non
seulement aux Heroiques, mais en toute sorte de Vers la Cesure ne
tombe point sur une syllabe feminine, si on s'en peut garder. Quant
aux licences que les Grecs et les Latins ont pris en ce vers ici, tu
les pourras prendre pourveu que tu ne perdes le son que doit avoir
un tel vers. Pourtant tu t'efforceras que le troisiéme pied commence
par une Cesure.

L'Elegiaque.

Le Vers Elegiaque est basti de quatre pieds et de deux Cesures
longues et masculines, l'une au milieu, l'autre à la fin. Les deux
premiers pieds sont indifferemment Dactiles ou Spondees, et les
derniers necessairement Dactiles. En voici la maniere.

Il nous faut abolir toute superstition.

---

[130] *Aeneid*, I, pp. 448-49.

Il nous (Spondee) *faut abo* (Dactile) *lir* (Cesure) *toute su* (Dactile) *perstiti* (Dactile) *on* (Cesure). On n'use point de ces vers ici sinon alternativement apres l'Heroique. Voyons les autres.

Le Sapphique.

Le Sapphique ainsi que le Phaleuce est appellé en Grec Hendeca-syllabe pour n'avoir qu'onze syllabes. Il a cinq pieds dont le premier et les deux derniers sont Trochées: le second est Spondee ou Tro-chée par licence: et le troisiéme est tousjours Dactile, lequel encor doit commencer par une Cesure si nous voulons que ce vers sonne bien en nostre langue. Et si les Latins n'ont observé ceste Loi, aussi voyons nous que en Horace ce Sapphique,

> *Quem virum aut Heroa lyra vel acri,*
> *Et, Mercuri facunde nepos Atlantis*

et tous ceux qui sont tels ne satisfont si bien à nos oreilles que,

> *Qui feros cultus hominum recentum*
> *Voce formasti caius et docorae, etc.* [131]

Or on a de coustume (si ce n'est aux Tragedies) apres trois Sapphi-ques d'entremesler un Vers Adonique forme des deux derniers pieds d'un Heroique. Example en ces vers pris de ma LYRE CHRESTIENNE.

> *O le seul autheur de ce monde parfait*
> *Pere, qui aux Cieux ta demeure choisis,*
> *Fai que ton Nom tant venerable par tout*
> *Sanctifié soit.* [132]

Vous scandez le vers Sapphique en ce point,

O le — ‿ *seul au* — — *theur de ce* — ‿ ‿ *monde* — ‿ *parfait* — ‿
l'Adonique, *Sanctifi* — ‿ ‿ *é soit* — —.

---

[131] Horace, *Odes,* I, xii, I, x.

[132] Evidently a lost work. Jean de La Taille makes no mention of its existence.

Le Phaleuce.

Le vers Phaleuce a pour le premier pied un Spondee, quelquefois un iambe ou un Trochée : pour le second un Dactile, & trois
Trochées pour les trois derniers. Il est tel,

O déloyal amour Tyran de mon cueur.

O dé — — *loyal a* — ∪ ∪ *mour Ty* — ∪ *ran de* — ∪ *mon cueur*
— ∪. Car, comme nous avons dit, la derniere syllabe est libre.

L'Asclepiade.

L'Asclepiade est construit d'un Spondee pour le premier pied, et
de trois Dactiles avec une Cesure apres le premier. Example en ce
vers de mes Odes,

Charles en France fera naistre le siecle d'or. [133]

Il se scande *Charl'en* (Spondée) *France fe* (dactile) *ra* (cesure) *naistre
le* (dactile) *siecle d'or* (dactile). Il y a le demi Asclepiade qui est tel :
O Seigneur que je sen de mal. Ō Sei, gneur que jĕ, sēn dĕ măl.

Des Vers Iambiques.

Les vieux poetes estrangers ont inventé plusieurs sortes d'Iambiques, mais tu n'en useras pour le plus que de trois sortes, à sçavoir, du Senaire, du Dimetre, et du Scazonte. L'Iambique Senaire
est dit pour estre de six pieds, dont le dernier est Iambe, et les
cinq premiers recoivent, outre l'Iambe, l'Anapeste et le Tribracque,
et quelque fois le Dactile au premier pied seulement, encor qu'on
mette plus souvent et plus elegamment un Spondée au premier, troisiéme, et cinquiéme piedz, et non point auz trois autres. L'exemple
du Senaire, *Je veux desormais publier le nom de Dieu.* Je veux ∪ —
desor ∪ — mais pub — — lier ∪ — le nom ∪ — de Dieu ∪ —.
Le scazonte est semblable, sinon que le dernier pied est tousjours
spondée et le penultiéme Iambe. Example, *Celui perira qui se confie*

---

[133] See 132 above.

en son bien. Cĕluī, pĕrī, rā quī še cōn, fī'en, sōn biēn. Le demi
Iambique (que on appelle Dimetre) est formé des quatre derniers
pieds du Senaire, mais le plus elegant est celui où le Spondée et
l'Iambe est alternatif, comme cestui-ci : Adieu l'Amour, Adieu
Venus, — —, ◡ —, — —, ◡ —.

En quoi le Vers susdits s'employent.

Le Carme Heroique seul est fait non seulement pour le long
œuvre, mais aussi pour les Satyres, pour les Epistres serieuses, pour
les Hymnes philosophiques, et pour les Inscriptions des grands Seigneurs : Quand il est joint à l'Elegiaque, il sert aux Elegies, aux
Epistres amoureuses et toutes autres inventions poetiques. Le Sapphique est pour les Odes et les Hymnes communs. Tous les autres sont
faits aussi pour les Odes, pour les Chansons, pour les Epigrammes,
pour les Epitaphes, Estrenes, bref pour tout ce que nous escrivons
en nos Vers depuis les Quatrins jusque aux Decasyllabes. Il est vrai
que le vers Iambique Senaire, est proprement dedié aux Tragedies
et Comedies : toutefois qu'il a plus de licence aux Comedies car il
suffit que le dernier pie du Senaire soit iambe, les cinq premiers
admettront sans égard l'Iambe, le Spondée, le Dactile, l'Anapeste,
le Tribracque, et par fois (à l'imitation de Plaute et de Terence) le
Proceleumatique et le Cretique. [134] Mais pour reprendre nostre propos, je di que pour metrifier nos Vers à la mode des Grecs et des
Romains, nous ne perdrons nulle des poësies que nous employons
à la rime, veu que desja les Moralitez, Ballades, Farces, Chants
royaulx, Lays, Virelays, Rondeaux, Coqs à l'Ane, et toutes telles
rimasseries sont ja pieça decriées du regne des Muses. [135] Quant au
Sonnet, il est desormais temps de le r'envoyer en Italie, attendu
qu'il a eu desja tout l'honneur qu'il meritoit en France, en laquelle

---

[134] For the use of the iambic meter in classical tragedy, see Aristotle,
Poetics, iv; xxiv; xxii.

[135] In his revolt against the more popular forms of poetry, La Taille is
echoing the attitude of Du Bellay in the *Deffence,* II, iv, pp. 107-109: "Ly
donques & rely premierement (ò Poete futur), fueillete de main nocturne &
journelle les exemplaires Grecz & Latins : puis me laisse toutes ces vieilles
poesies Françoyses aux Jeuz Floraux de Thoulouse & au Puy de Rouan :
comme rondeaux, ballades, vyrelaiz, chantz royaulz, chansons, et autres telles
episseries, qui corrumpent le goust de nostre Langue, & ne servent si non
à porter temoignage de notre ignorance. "

il est venu au point de sa perfection: avec ce que l'Amour qui est
sa propre matiere, s'en va estre las de tormenter nos poetes, de sortes
que les oreilles des miserables Lecteurs auront tréve ci apres d'ouir
les plaintes et langueurs de tant d'amoureux transis. [136] Ainsi doncques ce ne sera pas grande perte du Sonnet, attendu que le suget
d'icelui peut estre employé aux Vers que nous venons d'eplucher.
Reste pour accomplir ma promesse de monstrer les figures et licences
desquelles nous pouvions user en iceux.

De la lettre I au commencement des noms propres.

La lettre I au commencement des noms Grecs est tousjours
voyelle, comme ïarbe, ïapet, ïole, ïambe, ïon, ïule, ïonie, ïocaste. Il
y en a toutesfois qui prennent l'I pour consonante en ce dernier,
comme aussi en Jason et autres. Quant aux noms Latins l'I est
tousjours consone au commencement d'iceux, ainsi qu'en ceux-ci,
Julles, Junon, Juppiter, Janus, etc. Autant en estil de tous les noms
Hebrieux, Jerusalem, Joab, Judas, Jesus, Josué, etc. Pareillement
aux noms purement François, Jan, Jacques, Joachim, etc. En tous
lesquels la premiere lettre n'est seulement consonante, mais aussi
longue de nature.

Des figures dont nous userons a l'exemple des Grecs et Latins.

La figure est prise pour une nouvelle maniere de parler. Elle a
trois especes dont les deux premiers, pour estre aussi communes à

---

[136] Du Bellay, in the *Deffence*, II, iv, pp. 120-122, is less critical in his
judgment of the sonnet: "Sonne moy ces beaux Sonnetz, non moins docte
que plaisante invention Italienne, conforme de nom à l'ode, & differente
d'elle seulement pource que le sonnet a certains verz reiglez & limitez. ...
Pour le sonnet doncques tu as Petrarque & quelques modernes Italiens."
The attitude expressed by La Taille is characteristic, however, of a certain
anti-Petrarch tendency prevalent among the members of the *Pléiade*. In
"Anti-Petrarchism of the Pléiade," *MP*, XXXIX, 1 (August, 1941), Robert J.
Clements explains this antipathy in terms of a quasi-moral issue: "The
principle involved was an integral part of the *Pléiade's* literary credo. This
was the conviction that mendacity in poetry was intolerable, that an essential
of all creative writing was, to employ Scaliger's terms, *aletheia*, which translated into Renaissance critical terminology meant 'literary honesty.'... The
battle against Petrarchism was waged on ethical grounds. Every attack of
the French poets on the Italian *capiscuola* questions his sincerity directly or
indirectly (15-16)." Cf. also p. 19.

l'Orateur qu'au Poete ne seront ici mises. [137] Quant à la derniere espece que les Rethoriciens appellent Metaplasme, pour estre propre à la poësie, et pour n'avoir encor esté expliquee en François que je sache, j'en dirai ce qu'il m'en semble. Metaplasme donc est une figure qui ne se fait que sus les mots ausquels pour changer la quantité, nous changeons, diminuons, et adjoutons, quelque chose, de sorte que seroit presque un Barbarisme s'elle avoit lieu en prose. [138] Ses especes sont Prostéze, Diplasiasme, Epectase, Parenthese, Paragoge, Aphaerese, Syncope, Apocope, Diaerese, Ellipse, Parellipse, Synerese, Synalephe, Ectlipse, Metathese, Sistole ou Antithese, Paremptose, Anadiplose.

Prostéze. [139]

Prostéze est l'addition d'une syllabe ou d'une lettre au commencement des mots. Par cest figure les Grecs disent Θαμά pour ἅμα, ensemble: ἰώραον pour ὦραον, δικλήσκω pour κλήσκω, et les Latins Gnate pour Nate, Astat pour Stat. Aussi dirons nous comme nos vieux François Ietl pour Tel, Asseur pour Seur, Aorner pour Orner, Tante pour Ante. Par ceste mesme figure nous adjoustons L ou T a ces mots On et Il quand il y a interrogation, disant Aimet-il, Pense l'on que je soie? etc. pour Aime-il, et Pense-on.

Diplasiasme ou Epenthese. [140]

Par Epenthese on ajoute une consone Jumelle apres la premiere syllabe, ainsi on dit en Grec ὄττι pour ὄτι, car: et en Latin Relliquiæ, rettulit, pour Reliquiæ, retulit. En François on dira, relligion, pour religion, abborder, pour aborder.

---

[137] For the distinctions between rhetoric and poetic and the place of rhetorical figures in criticism see C. S. Baldwin, *Ancient Rhetoric and Poetic* (New York, 1924). This terminology has its source in the rhetorical texts of the Alexandrian grammarians. In Draconis Stratonicensis *De metris poeticis,* ed. Godofredus Hermannus (Lipsiae, 1812), will be found the use of such terms in the original Greek.

[138] *Drac. Strat.,* p. 36, line 19; p. 37, line 23.

[139] *Ibid.,* p. 155, ll. 14-18.

[140] *Ibid.,* p. 159, ll. 20-21.

Epectase. [141]

Par Epectase ajoutant une syllabe au milieu du mot. Le Grec dit
ἐυτύχεον, τυπτοίατο, ἀδελφειὸς, pour ἔοτυχον, τύπτοιτο, ἀδελφός:
Le Latin Mauors, Alituum, imduperator, pour Mars, alitum, im-
perator: Le François dit esperit, soupeçon, larrecin, pour esprit,
soupçon, larcin: Mesmes Guillaume de Lorris dit Paroler pour
parler. [142]

Parenthese. [143]

Par Parenthese, c'est à dire Addition d'une voyelle à une autre,
nous ferons diftongue ou il n'y en a point, disant foul, approucher,
pour fol et approcher, comme en Grec on dit, νοῦσος, ξεῖνος , et
μέλαις, pour νόσος, ξένος, et μέλας. En cet endroit nous sommes plus
heureux que les Latin' qui n'ont peu user de ceste figure, comme
de beaucoup d'autres que nous verrons ci apres.

Paragoge ou proschematisme. [144]

Par Paragoge qui est une addition à la fin du mot nous disons
occire pour occir, nulli pour nul, je pensoie, je disoie, pour je pensoi,
je disoi. Par ceste figure les Parisiens prononcent Que et quie, pour
Ou et qui. Les Grecs disent ὀυρανίαφι, προσῶπατα, ἐγὼν, pour ὀυρανία,
προσῶπα, ἐγώ. Les Latins dicier, legier, huiusce, potestur.

Aphaerese. [145]

Voici les figures contraires aux cinq sus nommees, et premierement l'Aphaerese par laquelle nous ostons la premiere syllabe des

---

[141] *Ibid.*, p. 156, ll. 23-25.

[142] Author of the *Roman de la Rose* which was terminated by Jean de
Meung.

[143] *Drac. Strat.*, p. 159, ll. 4-12. La Taille's marginal gloss reads as follows:
"maladie. hoste. noir." These are translations of Greek words in this section.

[144] *Ibid.*, p. 160, ll. 11-14. Cf. Henri Estienne, *La Précellence du langage
françois* (1579), ed. Edmond Huguet (Paris, 1896), p. 144. La Taille's gloss
reads: "Ciel, les personnes, moi."

[145] *Ibid.*, p. 155, ll. 20-23. Cf. Pierre Fabri, *Le Grand et vrai Art de
pleine Rhétorique* (1521), ed. A. Héron (Rouen, 1889-90), Vol. II, p. 133.

composez. Les Grecs disent τύφθαι, βληθαι, pour τετύφθαι, βεβλῆθαι. Les Latins temno, paret, pour contemno et apparet: Les François hardir et paroistre, pour enhardir et apparoistre.

Parellipse. [146]

La Parellipse oste une consone jumelle en ces mots Grecs κάλιον, θᾶτου, pour κάλλιον et θᾶττον. Ainsi dirons nous home, honeste, pour homme et honneste.

Ellipse. [147]

L'Ellipse deffait la diftongue en raclant une voyelle, comme en ces vocables coronne, doleur, fit, pour couronne, douleur, feit. Le Grec dit par ceste, figure ἀμύξαι, βώκολος, μῶσα, pour ἀμόοξαι, βόόκολος, et μοῦσα. Le Latin prehendo et preustus pour praihendo et præustus.

Syncope. [148]

Par Syncope les Grecs disent κάμμορος, δάσκιον, pour κακόμορος, δασύσκιον Les Latins, dextra et Amasset, pour dextera et amavisset: nous disons aussi librement par ceste figure qui nous est trop plus frequente qu'à eux, Grammment, hideument traison, vaincresse, Amerra, Donra et emprise, pour Grandement, Hideusement, trahison, vainqueresse, Amenera, donnera et entreprise. Il y en a encor qui disent pouoir, courcer, pour pouvoir et courroucer. Je m'en rapporte a ceux qui par Syncope voudront dire Gru's, Nu's Oi's pour Grues, Nues, Oies. [149]

---

[146] *Ibid.*, p. 159, ll. 23-25. Marginal gloss reads: "plus beau et plus tost."

[147] *Ibid.*, p. 159, ll. 14-18. Cf. Sebillet, *op. cit.*, p. 61.

[148] *Ibid.*, p. 156, l. 27; p. 157, ll. 1-3. Cf. Dolet, *op. cit.*, pp. 36-37; Sebillet, p. 60; Fabri, II, p. 131; Estienne, p. 182. La Taille's gloss reads: "malheureux, ombrageux." And later: "Le Picard dit epanter pour epouanter."

[149] Cf. Ronsard, *Abbregé*, pp. 21-22: "Autant en est il des vocables terminez en ouë, & uë, come *rouë, jouë, nuë, venuë,* & mille autres qui doivent recevoir syncope au milieu de ton vers. Si tu veux que ton poëme soit ensemble doux & savoreux, pour ce tu mettras *rou', jou', nu',* contre l'opinion de tous noz maistres qui n'ont de si pres advisé à la perfection de ce mestier. ... Tu sincoperas aussi hardiment ce mot de *comme,* & diras à ta necessité *com':* car je voy en quelle peine bien souvent on se trouve par faute de destourner l'e finale de ce mot. Et mesmes au commencement du vers. Tu accourciras aussi (je dis autant que tu y seras contrainct) les

Apocope. [150]

Apocope mange la derniere Syllabe ou une lette pour le moins:
Exemple en Grec δῶ pour δῶρα, ἐρί pour ἔριον, κρί pour κριηνὸν:
En Latin Achilli pour Achillis, Tuguri pour Tugurii. En François
je suppli', je reni pour je supplie, je renie. Par Apocope, François Villon dit com et hom pour comme et homme: Aussi dirons
nous laquell', eternel' pour laquelle, eternelle, encor qu'il ne s'en-
suive point de voyelle.

Diaerese. [151]

Par Diaerese nous divisions une syllabe en deux, disant Aïder,
miel, Dieu, vaisseāū, ăāge (comme Villon). Ainsi Homere dit κὸιλον,
πᾱις, pour κὸιλον, παῖς: Et Virgile Aulai, Horace Siliia, Catulle,
Gaudet.

Sinaerese. [152]

La Sinaerese au contraire met deux syllabes en une, disant fuīr,
poēte, et ouīr, selon Jan de Meun. Les Grecs escrivent par Sinerese
νηρῂδες, pour νηρήιδεςLes Latins Theseus, Omnīa, ferrēi, semīanimis.

Sinalephe. [153]

Comme les Grecs disent par Sinalephe, ἐπὲμὲ pour ἐπὶ ἐμὲ, τᾰμά
pour τὰ ἐμά, nous dirons s'ainsi, si ainsi: m'ame pour mon ame. Et
comme iceux disent ἐμουποδύυει pour ἐμοὶ ἀποδύυει, ὤπῖλος pour ὁαἰπῖλος,
et les Latins Viden' pour videsne: nous dirons Av'ous pour avez

---

verbes trop longs: come *donra* pour *donnera, sautra* pour *sautera,* & non
les verbes dont les infinitifs se terminent en e, lesquelz au contraire tu
n'allongeras point & ne diras *prendera* pour *prendra, mordera* pour *mordra,*
n'ayant en cela reigle plus parfaicte que ton oreille, laquelle ne te trompera
jamais, si tu veux prendre son conseil, avec certain jugement & raison."

[150] *Drac. Strat.,* p. 150, ll. 16-19. Cf. Dolet, p. 36; Sebillet, pp. 59-60;
Fabri, II, p. 129. Gloss reads: "contre moi les choses miennes."

[151] *Ibid.,* p. 157, ll. 5-6. Gloss reads: "creux, enfant."

[152] *Ibid.,* p. 158, ll. 7-9. Cf. Dolet, p. 38. Gloss reads: "Nereides."

[153] *Ibid.,* p. 157, ll. 8-20. Cf. Dolet, p. 30; Sebillet, pp. 55-56; Fabri, II,
p. 129. Gloss reads: "contre moi les choses miennes."

vous, sçav'ous pour sçavez vous, p'lamour, pour pour l'amour, ainsi
m'aid'ieu pour m'aide dieu.

Metathese. [154]

Metathese est une transposition de lettre, comme qui diroit dis-
souder et morder, pour dissoudre et mordre, ainsi que les Gregeois
disent καρδία pour κραδία, κάρτος pour κράτος: et Virgile, Timbre et
Evandre, pour Timber et Evander.

Sistole ou Antithese, ou Metalepse. [155]

La sistole se fait au changement d'une voyelle, à sçavoir quand
on dit en Grec φυσίζοις, pour φυσίζωος, ξερόν pour ξηρόν, φιλάσω,
pour φιλήσω en Latin Siracosius, Upilio, pour Opilio et Siracusius:
nous n'avons point encore exemple de ceste figure, sinon au verbe
de Sumer que nos vieux poetes ont dit pour Semer.

Les autres figures. [156]

Il y a d'autres especes de Metaplasme envers les Grecs, lesquelles
n'ont point este receues des Latins comme est l'Anadiplose, laquelle
se fait quant on double la premiere ou moyenne syllabe par mesmes
consonantes. [157] Exemple κεκάμωσι, λελάχωσς; ἐτύτμον, pour κάμωσι,
λαχῶσι, ἔτυμον. Il y a Ectlipse par laquelle on oste une consonante
au milieu des mots, comme en ceux ci σμῆπτον, pour σμῆπτρον, ἔτυπες
pour ἔτυπτες. [158] Ceste figure est à l'opposite de la Paremptose,
laquelle adjouste une consonante aux mots tels que ceux ci πτόλις,
πτόλεμος, τοπτόμεθα, pour πόλις, πόλεμος, τυπόμεθα, comme nous
disons prinse pour prise. [159] Quant à ce que les Latins et les Gregeois
ont accourci ou allonge une syllabe contre sa nature, je n'estime
pas cela figure, ainçois il le fault mettre entre les licences, desquelles
nous allons parler.

---

[154] Gloss reads: "cueur, force."
[155] *Drac. Strat.*, p. 156, ll. 13-21. Gloss reads: "alme, sec."
[156] Gloss reads: "ils eussent laboré, ils fussent advenus, vrai sceptre."
[157] *Drac. Strat.*, p. 155, ll. 25-27.
[158] *Ibid.*, p. 157, ll. 22-24.
[159] *Ibid.*, p. 159, l. 27; p. 160, ll. 1-4.

Des licences a l'imitation des autheurs de l'une et de l'autre langue.

La raison que nous avons de vouloir petit à petit eslongner nostre langage hors du vulgaire, nous permet les figures et les Licences. Or est il que les Grecs sont trop plus licencieux que les Latins: Il est à nous de regarder à les ensuivre. La Licence donc se fait quand on transgresse la naturelle quantité d'une syllabe: comme Homere qui dit Αηες ᾶρες, et Virgile Connubio iungant. Pareillement ainsi que cestuici dit *Arĭĕtĕ* et *Pārĭĕtibus,* nous pourrons de deux syllabes breves en faire une longue en quelques mots, et principallement polysyllabes. Tu pourras allonger les syllabes breves aux cesures comme les Grecs, et Virgile qui dit *Limináque laurúsque dei,* etc. [160] *Omnia vincit amor, et nos etc.* [161] *Congredior, fer sacra pater, et concipe foedus.* [162] *Muneribus tibi Pampineo gravidus Autumno.* [163] On te donne aussi congé d'allonger la derniere des mots finent par une voyelle breve, si le mot ensuivant commence par deux consones, de sorte qu'en disant lā grandeur, lē sceptre il sera en toi de faire longs les Articles brefs comme fait souvent Homere, et Virgile en ses carmes *Terrásque tractúsque maris, Drimóque Xanthóque,* etc. [164] Il te sera encor permis d'abbrevier les voyelles longues à la fin des mots, si s'ensuit apres une voyelle: Virgile, *Te Coridon ô Alexi,* etc. [165] *Fallimur, an qui amant sibi,* etc. [166] *Simoenta sub Ilio alto.* [167] Là où nous voyons qu'o et qui, et la derniere d'Illio, non seulement ne sont pas mangez, mais aussi abbregez contre leur naturel.

Les Grecs font bien davantage: car non seulement les voyelles, mais aussi les diftongues sont abbregees à la fin des mots devant une voyelle, ce qu'on voit en Virgile en ce seul vers,

Insulæ Ionio in magno quas dira Celaeno. [168]

---

[160] *Aeneid,* III, p. 91.
[161] *Ciris,* p. 437.
[162] *Aeneid,* XII, p. 13.
[163] *Georgics,* II, p. 5.
[164] *Eclogues,* IV, p. 51; *Georgics,* IV, p. 336.
[165] *Eclogues,* II, p. 65.
[166] *Eclogues,* VIII, p. 108.
[167] *Aeneid,* V, p. 261.
[168] *Aeneid,* III, p. 211.

Comme nous ne faisons apostrophe que sur l'E feminin, les Grecs n'en font aussi que sur les voyelles breves, esquelles encor il leur est permis de faire apostrophe ou de n'en faire point, ce que nous pourrons imiter quelquefois comme devant On, il et elle, quant ils sont interrogatifs, tellement qu'on peut dire avecq et sans apostrophe Aime-il, Aime-elle, aime-on? Nous dirons aussi j'eusse eu, et entre elles, pour j'euss'eu, et enre'elles, à ce que dit Lois Megret. [169] Ainsi voyons-nous que Virgile dit sans Synalephe:

> *Et succus pecori et lac subducitur agnis.* [170]
> Item, *Tu ne Ille Aeneas quem Dardanio Anchisæ.* [171]
> *Ovide, Iactari quos cernis in Ionio immense.* [172]

Si quelcun veut apostropher l'M devant une voyelle ainsi que les Latins, je ne l'empécherai point, pourveu que son authorité le face digne d'une telle licence. Pour le moins nous ferons de l'S ce que les vieux Latins en ont fait, comme en ce carme de Lucile,

> *Cum lateris dolor certissimus nuncius mortis,*

auquel pour le scander il faut tuer toutes les S S. Mesme Virgile par ce vers,

> *Inter se corisse viros et decernere ferro,* [174]

monstre que nous pouvons racler l'S, ce que nous ferons aux secondes personnes des verbes indicatifs, en ce point Tu aime' un tel, Tu donne' ton argent. Par ce moyen cette lettre sera sugette non seulement à l'apostrophe, mais aussi à la Sinalephe. Il y a d'autres consonantes qui recevront apostrophe devant une autre consonante,

---

[169] This is practically a word-for-word incorporation of the text of Louis Meigret in his *Tretté de la Grammere Françoeze* (Paris, 1550), p. 141: "Ao regard des articles 1, la: e des pronoms ma, ta, sa, je vous en ey ja parlé: quant a il e elle, il' ne font point d'apostrophe e' verbes precedens par form d'interrogatoere: come, eyme il? elle? nous dizons plutót j'usse u, que j'usse' u, e entre elles plutót q'entre' elles."

[170] *Eclogues*, III, p. 6.

[171] *Aeneid*, I, p. 617.

[172] *Metamorphoses*, VI, p. 534.

[173] *Fragments*, p. 20.

[174] *Aeneid*, XII, p. 709.

à cause de la rudesse qu'elles auroient s'elles estoient prononcées. Pour exemple nous escrirons plutost, J'ai tro' de mal, que, trop de mal: et cependant la syllabe où est le P apostrophe, deviendra bref, ce qu'il ne seroit pas s'il n'y avoit point d'apostrophe. C'est ainsi que Stace Papin dit *Stimulátque Agamemno volentes,* pour *Agamemnon.* [175] Tu aviseras si on en peut autant faire des autres consones. Je n'ignore pas que nous ne puissions user de beaucoup d'autres licences lesquelles je laisse tout à propos, pour estre aussi communes à la rime qu'à nos vers. Voila pourquoi je n'entrerai point plus avant dans l'art Poetique, que tant d'hommes sçavans ont composé general pour toutes langues. Je dirai bien pour ne laisser si tost mon propos, que tout ainsi que nous pouvons prendre les licences particulieres a nostre langue, aussi nous ne devons pas imiter toutes celles des Autheurs Grecs et Latins. Qu'ainsi soit, nous ne devons pas omettre comme les Latins, les articles et les pronoms, Je, Tu, il, mon, ton, son, etc. en quelque lieu que ce soit, sinon rarement.

Nous ne pourrons pas brouiller et entremesler la construction de nos clauses, comme les Grecs et les Latins: car qui traduiroit ce vers de Virgile,

Oceanum interea surgens aurora reliquit, [176]

ne pourra dire, L'Ocean tandis se levant l'aurore laissa, pour l'Aurore tandis se levant laissa l'Ocean.

Combien que les Latins aient dit Ilion, Peleos, Orfei, Hectora, en prenant la quantité et les mesmes cas des Grecs, si ne faut-il pas que nous disions Aeneas, Demostenes, Orfeus, Dido, Hecuba, comme ont fait nos petis rimeurs jucques ici: ainçois il nous faut approprier tous les noms estranges en nostre usage, mettant un E feminin pour la terminaison Latine, As, Es, Is, Os, Us, A, E: toutesfois avec discretion, car outre les Monosyllabes il y en a qu'on ne peut traduire, comme Jesus, et Venus, etc. [177]

---

[175] Statius Papinius, *Achilleis,* I, p. 553.

[176] *Aeneid,* IV, p. 129; XI, p. 1.

[177] Cf. Du Bellay, *Deffence,* II, vi, pp. 141-42: "Tu doibz pourtant user en cela de jugement & discretion, car il y a beaucoup de telz homs, qui ne se peuvent approprier en Françoys: les uns monosyllabes, comme *Mars:* les autres dissyllabes, comme *Venus:* aucuns de plusieures syllabes, comme

Il faut aussi noter que ceux qui finent en Aus, et en Ous, se changent en As, et en Ois, et diras Menelas, et Alcinois, pour Menelaus, et Alcinous. Quant aux noms feminins terminez en oe tu ne les pourras changer, si tu ne les formois en oue, disant Alcinoue, Callirrhoue, Pasithoue, pour Alcinoé, Callirrhoé, Pasithoé, pour Pasiphae, tu diras Pasiphee. Touchant ceux qui finent en L, N, R, T, et X, tu les pourras laisser comme ils sont, s'ils ne sont feminins, ou si tu n'escrivois S, pour X, en Aias, et Astianas. A ceux qui finent en O tu adjouteras un N. Or entre ceux qui ne se traduisent point il y a Pallas, Atlas, Simois, si tu ne disois Pallade, Atlant, Simoente, les traduisant par leurs genitifs (comme les Italiens) quand ils recoivent increment. [178] Ce que je di des noms Grecs et Latins, je'en veux estre autant entendu des noms Hebrieus que je ne sçai comment nos consciencieux (que je ne die ignorans) traducteurs ont laissé en leur entier tant en Grec, en Latin, qu'en François. Il leur faut, di-je oster cette rudesse Hebraique, et leur donner la tainture Françoise, en disant Ezechie, Joabe, Sarre, Rebecque, Jonathe, Judique: Mesmes aux noms Feminins et L tu adjoindras le, disant: Rachelle, Jezabelle, Micholle. Je sçai bien toutefois, que nostre ignorance a si bien receu les noms purs Hebraiques, qu'il est presques trop tard de leur oster l'usage où ils ont tant esté, que peu a peu.

Des Vieux mots François.

Pour conclusion lon ne fera point de difficulté, non seulement d'inventer des mots, mais aussi de remettre en usage et quasi comme resusciter ceux que nous avons laissé perdre, de maniere que nous prendrons dans nos vieux autheurs François, comme dans le Rommant de la Rose, ce que Virgile cherchoit dans les Vers d'Ennie: et comme il dit Olli et Fuat, pour Illi et fit, nous dirons en un grand poeme, veez pour voyez, voult et puist pour voulut et puisse: venist, pour vint, tenisse pour tinsse, au pour avecques. [179] Mesmes

---

Jupiter, si tu ne voulois dire *Jove* : & autres infinitz, dont je ne te acauroy, bailler certaine reigle."

[178] Cf. Ronsard, *Abbregé*, p. 32 : "Tu tourneras les noms propres des anciens à la terminaison de ta langue, autant qu'il se peult faire, à l'imitation des Romains, qui ont approprié ce qu'ilz ont peu des Grecs à leur langue latine."

[179] Cf. Du Bellay, *Deffence*, II, vi, pp. 142-43 : "Quand au reste, use de motz purement Françoys, non toutefois trop communs, non point aussi trop

faisant parler un vieillard, du bon temps je ne craindrai de dire li bons homs pour les bons hommes. Nous t'amerrons aussi les Temps, les Modes, et les personnes des verbes heteroclites, comme en ceux-ci: Tolt qui est tierce personne de l'indicatif du verbe Tollir, qui signifie oster: Ist et istra, qui sont aussi tierces personnes du verbe Issir: Seult, pour a de coustume, nous en avons l'infinitif Souloir. Tu chercheras les autres.

---

inusitez, si tu ne voulois quelquefois usurper, & quasi comme enchasser, ainsi qu'une pierre precieuse & rare, quelques motz antiques en ton poëme, à l'exemple de Virgile, qui a usé de mot *olli* pour *illi, aulaï* pour *auloe,* & autres." Chamard in his note (1) to p. 143 of Du Bellay's text indicates that this idea comes from Horace's *Epist. ad Pisones,* line 70: *Multa renascentur quam jam cecidere.*

La Taille suddenly turns to the old French authors and the *Roman de la Rose,* and this at a time when the *Pléiade* had placed in disrespect the literature of the Middle Ages, the school of Marot, and the *Grands Rhétoriqueurs.* Cf. Baguenault de Puchesse, *op. cit.,* p. 63. Henri Chamard, in *Les Origines de la poésie française de la Renaissance* (Paris, 1920), has shown, on the contrary, that the *Grands Rhétoriqueurs* had paved the way for the program advanced by the *Pléiade.* See especially p. 149.

Au Lecteur

Tu as Lecteur, non tant les lois et reigles, que mon opinion et advis touchant la quantité de nos Syllabes: Que s'il y a quelcun qui trouve ceci estrange, et comme chose non jamais ouie, je di que pourtant on ne la doit blamer veu que par tout il faut commencement. Toutesfois ne me pense point si arrogant, que je m'estime avoir commencé des premiers à mesurer les vers François: veu que celui que nous a si doctement enseigné l'Art Poetique, et l'autre qui a si vaillamment deffendu nostre langue, en ont desja fait mention jusques à louer celui qui voudroit reduire en art telle nouveauté, en laquelle depous quelques uns des nostres s'estans employez, nous ont bien monstré que ce n'est chose absurde ni impossible comme on cuide, que de Metrifier en ce point nostre langage. [180] Je ne di pas que ce ne soit une chose difficile pour l'estroite sugecion où nous sommes, de n'omettre les pronoms et Article, et de garder un certain ordre en nostre Syntaxe, ce que n'ont fait les étrangers en la leur. Mais que sçavons-nous si la hardiesse, le sçavoir et eloquence de nostre temps ne mettra point nostre langue hors de page, jusques à la depestrer de ce qui l'engarde de voller aussi haut que la Grecque et la Romaine? [181] Et quand cela n'adviendroit, devons-nous rejetter cette nouvelle, ainçois renouvelée poesie pour sa difficulté, quand selon le proverbe Grec ce qui es difficile est beau, d'autant plus

---

[180] The first reference is possibly to the *Art Poetique* of Jacques Peletier du Mans (1555). Cf. the edition of André Boulanger (Paris, 1930), pp. 149, 155-56, 159-60; another possibility is the *Art Poetique Françoys* of Sebillet (1548). Cf. the edition of Gaiffe (Paris, 1910), pp. 192-93.

The second reference is to a passage in Du Bellay's *Deffence*, II, vii, p. 147.

[181] La Taille duplicates almost exactly the same idea in the *Deffence*. Cf. I, ix-x.

qu'il est rare? Ce n'est pas tout de faire beaucoup de vers, comme
tresbien entendoit Euripide, qui voyant un qui se vantoit de faire
cent vers tous les jours, A grand peine (dit-il) en puis-je faire trois
le jour: mais aussi les tiens ne dureront que trois jours, et les miens
à tout jamais. C'est tout que les Poetes si peu qu'on en a soient
parfais. Que plust aux Muses qu'on banni de France tant de poetes
fraichement éclos ou plustost avortez, et qu'on gardast seulement
six ou sept de la premiere volee, et dont la gloire est, peu s'en faut,
etouffée par la presse de tant d'ignorans. [182] Il seroit besoin pour ce
faire qu'Apollon et Pallas, lui avec son arc, et cette-ci avec sa Gor-
gonne, vinssent a l'aide de leurs neuf Seurs qui soient ainsi pro-
phanes et presques prises à force par ces nouveaux et impudiques
Pyrenez. [183] Mais à fin qu'on ne dise que je garde le venin à la
queue de mon livre, je ne passerai plus outre, avertissant sans plus
ceux qui taxeront ce livret, comme inutile et de peu de consequence
(ainsi que de vrai je le confesse estre) que pour le moins je pense
avoir autant faict que nos Pedentes qui ne cessent de rapetasser
ainçois de transcrire des Grammaires, Rhetoriques, et Dialectiques,
en Latin ou en Grec, plutost que de les composer en leur langue. [184]

---

[182] Cf. Ronsard, *Abbregé,* pp. 34-35: "Et ne se fault soucier, comme je
l'ay dit tant de fois, de l'opinion que pourroit avoir le peuple de tes escris,
tenant pour reigle toute asseurée, qu'il vault mieux servir à la verité qu'à
l'opinion du peuple, qui ne veut scavoir sinon ce qu'il voit devant ses yeux,
& croyant à credit, pense que nos devanciers estoyent plus saiges que
nous, & qu'il les fault totalement suivir, sans rien inventer de nouveau, en
cecy faisant grand tort à la bonne nature, laquelle ilz pensent pour le jour-
d'huy estre brehaigne, & infertile en bons esprits, & que des le commencement elle a respandu toutes ses vertus sur les premiers hommes, sans avoir
rien retenu en espargne pour donner ... à ses enfans, qui devoyent maistre
apres au monde par le cours de tant de siecles avenir."

[183] Cf. Ronsard, *Abbregé,* p. 4: "Sur toutes choses tu auras les Muses
en reverence, voire en singuliere veneration, & ne les feras jamais servir à
choses deshonnestes, à risées, ny à libelles injurieux, mais les tiendras cheres
& sacrées, comme les filles de Jupiter ..." *Pyrenez* undoubtedly means "worse-
born" (*pire-nés*), the opposite of *bien nés.*

[184] Here La Taille joins forces with the voices of the sixteenth century
in extolling the suitability of French as a medium for literary expression.
Cf. La Ramée, preface to *Grammaire* (Paris, 1572), iiij verso: "que nostre
langue estoit capable de tout embellisement, & aornement, que les aultres
langues ayant iamais eu."

APPENDIX

Claudio Tolomei: *Regolette della Nuova Poesia Toscana* [185]

DELLE MONOSILLABE

Ogni monosillaba, o finisce in consonante o in vocale.

In consonante finisce, o per natura, o per accortamento, o per aggiunta.

Per natura: in queste sette particelle NON, IN, PUR, PER, CON, IL, VER' invece di *verso,* et escono della regola della lingua toscana, la quale finisce ordinariamente tutte le parole in vocale.

Per accortamento: nelle quattro liquide L, M, N, R, incominciando la seguente parola da consonante, come VILE *vil natura,* UOMO *uom degno,* VANO *van pensiero,* CORE *cor ferito.*

Per aggiunta si far per fuggir lo abadiglio di due vocali in diverse dizioni; e s' introponne talvolta un D, come ED *ella,* OD *uom,* NED *io,* e talvolta un T' ch' è suo antistico siccome ET *ha sí.*

Quando une monosillaba finisce in consonante, o la parola che segue incomincia da consonante o da vocale: se comincia da consonante, la monosillaba che gli è lunga per posizione, come in quel verso:

'IN cima del colle sí duro giunto sei:

se incomincia da vocale, allora la monosillaba, che finisce in consonante per natura o per aggiunta, è breve; per natura, come in quel verso

---

[185] Reprinted in Carducci, *op. cit.,* pp. 414-436; I-VI (addenda), pp. 436-439.

'Ella PER antiquo sentier, per ruvido calle;

per aggiunta, come in quell' altro

'In sí cara pace vivere ET ella Et io.

Ma, se finisce in consonante per accortamento, séguita la natura del suo intero, e pero COR per *Core* è lungo, e VER per *Vero* è breve, e VIL per *Vile* è comune, perché cosi è ne' loro interi, come si vedra di sotto.

Se la monosillaba finisce in vocale, o ella è intera o troncata. Intera, come SI, TU, NE: troncata, come VO' per *voglio,* TO' per *togli,* ME' per *meglio,* e alcuni altri. Quando è intera, o l'altra parola che segue comincia da consonante, o da vocale.

Se da consonante, o è tel monosillaba che nel collegamento con l'altra parola raddoppia o non raddoppia. Raddoppia: come TU, *tu fai:* QUI, *qui pose:* DA, da quà, e infinite simili. Non raddoppia: come ne li affisse MI, mi disse, DI, *di lui,* LA, *la pose,* e molte altre.

Se raddoppia, allora la monosillaba è lunga, perché la posizione in voce, come in quel verso

'NÉ PIÙ chiara luce ti poteva accendere Amore.

Quando non raddoppia, allora è breve: sia per essempio

'Lor DI vaghezza tua, te DI vaghezza loro.

Fallisce questa regola per canto dell' affetto, come in queste tre particelle: DEH, quando si prega; O, quando si chiama o ver quando si duole; AH, quando si lamenta; che se ben nel collegamento non raddoppiano, non di meno son lunghe. L'essempio del primo,

'DEH, se Calliope, se dolce si porga Thalia:

del secondo,

'O come grato fia con splendide fiamme vederti:

del terzo,

'AH, ch' io dissi come diè var che dorma solinga.

E ha luogo ancora che séguita la vocale, si come usa il Petrarca
ne la via sua,

> 'O anime gentile et amorose:

et in questo fu detto,

> 'O anime, O spirti del tenebroso lido.

Quando la monosillaba che finisce in vocale séguita l' altra parola
che comincia da vocale, allora o egli è tal monosillaba che, se le
seguitarse la consonante, raddoppierebbe, o no.

Se raddioppierebbe, non si collide seguendo la vocale e la sillaba
è breve, come in quel verso

> 'Entro all' alma vaga, né PIÚ amica face.

Fallisce questa regola in queste due particelle SE e CHE, le quali,
se ben raddopiano seguendo la consonante, non di meno quando
segue la vocale si collidono, come in quel verso del Petrarca.

> 'S' una fede amorosa, un cor non finto,

e in quell' altro

> 'CH 'ogni men bel pensier del cor mi sgombra;

e in questi via

> 'E s' allor fuora de la basse sue vesti traeva,

e altrove,

> 'CH' ella entro al petto nutremi calde et acre.

Se non raddoppierebbe, allora si collide, e fassi una parte sola
con l'altra che segue, e si giudira secundo la regola di quella, né
piú è monosillaba; come L'ALMA, V'ARDE, e simili; e sia
l'essempio

> 'L'UNA di mirra ha nome, L'ALTRA ha nome d'una viola.

Quando alle monosillabe troncati segue parola che incominci de
vocale, allora son brevi, come in quel verso

> 'E VO'ire al monte senza saper la via.

Se dopo lor segue consonante, allor se elle raddoppiano nel collega-mento son lunghe per posizione si come

'Non me la DIE Titiro, l'altr' ier cantando la vinsi.

Se non raddoppiano, allora, se l'hanno la vocale lunga, si come O grande e E grande, son lunghe ; come in quel verso

'Se ne li vostri cari BE' nodi legato mi trovo :

se breve, ordinariamente son brevi, sí come

'Fama OVE' che giron dalla sinistra mano :

se communi, son communi regolarmente, s'altro non impedisce, sí come per breve fu detto

'Et fra tanti mali di TA' sogni mi pasce Cupido,

e per lunga

'Fu con TA' detti severissimamente ripreso.

DELLE CESURE

Prima che si venga alle bisillabe, è ben dir qualche cosa delle cesure.

La cesure non solo è nel verso pentametro, ma ancora nell' esametro.

Nell'esametro è dopo il secondo piede o dopo il terzo, ma dopo il secondo ordinariamente, sí come

'Orna il colle vaGO Parnaso, or adorna la fronte :

dopo il terzo, piu raro, sí come

'Lieto or apri le divine caSE, e nel tempio devoti.

Quando l'esametro ha la cesura dopo 'l terzo piede, ne suole avere un' altra ancora dopo il primo piede, ma di minor forza, si come nel verso di sopra

'Lieto or APRI :

Ne le cesure in questa poesia non si guarda se la sillabe è lunga o breve, come ancora non sí guarda nel fin del verso, anzi il piú delle volte è breve, como in quel verso

'Cingiti d'ALLORA, di sacra ellera cingiti et erbe :

cosí dopo il terzo piede,

'Vien, tosto, e col dolce riSO, col volto giocondo.

Se la cesura è dopo il terzo piede, allora quella che è nel primo ha due avvertenze : l'una, che non riceve bisillabe che abbian vocale innanzi a vocale, e però non stava bene quel verso

'Alma CLIO, il divino tuo soccorso mi porgi :

l'altra, che almeno abbia nella cesura prima, la quale si può chiamare mezza cesura, lettera commune, cibè A e I e U, si come in quel verso

'Bel TirSI, de la ninfe PIE bellissima fiamma.

Sono alcuni versi gli quali quasi fatti a la catulliana non hanno cesura distinta, ma sono da usar rarissimamente, come fu quello

'Giovami quella bevendo, mirandola giovami questa.

Nelle cesure ordinariamnete non vi puo stare accento acuto : non di meno tal' ora vi si accomodano certe monosillabette, che di natura hanno l'accento acuto, come in quel verso

'Se scherza e non MENT' ella tacendo vaga,

e in quell' altro

'Ma come prima meno que' spiriti vennero, non PIU :

ma nell' uno e nell' altro caso si ritira l'accento dall' ultima monosil-laba a quella dinanzi, e quell' ultima resta con l'accento grave, e guisa d' encletica, e però s' ha a pronunciare

'Ma come prima meno que' spirti vennero, NÒN PIU,

cosí quell' altro

'Se scherza, e NÒN MENT' ella tacendo vaga.

Il simigliante, face Dante spesse volte, come in quel verso

'E piu d' un miglio di traverso NÒN CI HA.

Nelle cesure del pentametro, si ben l' una parola finisce in vocale e l' altra incomincia da vocale, non si fa talora collisione ; ma bisogna usarlo con giudizio, come si vede, quando nel parlare o nel sentimento v' è qualche cosa, sí come in quel verso

'Ecco la bella VIA, ECCO la vecchia via :

la qual cosa fu ancora usata talvolta da' latini.

DELLE BISILLABE

Le bisillabe o sono equali o cresciute o scemate. Equali, quando la vocale ha la sua consonante, come SOLE, LUNA, VELO : cresciute, quando vi sono moltiplicati le consonanti, come VUOLE, SCOPRA, PRATO, TORSE : scemate, in tre modi ; o nella prima sillaba, o nella secondo, o in tutte e due : nella prima, come IRA, API ; nella seconda, come TUO, FUI ; in tutte e due, COME IO, EI, AI.

Le bisillabe equali o hanno l'accento acuto nell' ultima, come FERÍ, o nella prima, come PANE e altre simili. Se l'accento è nell' ultima, se l' altra parola comincia da vocale, son tutte due brevi come

'Non COSÍ alto mai mostrossi o Pindo od Olimpo.

Se l' altra comincia da consonante, l' ultima è lunga e la prima breve, si come

'Meglio COSÍ parmi che senza il tenero amore.

Quando hanno l' accento nella prima, allora l' ultima è breve, e la prima talor lunga, talor breve e talor comune : lunga, quando v' è la vocale O grande o vero E grande, come

'ROSE pur or còlte da 'nnamorato mano

e altrove

'Tutte le parti vaghe che 'n te si ritrovano CELA :

breve, quando vi sono le due vocali, O piccolo et E piccola, e sia l'essempio

'Con piu corto giro làdove nacque VOLA

e quell' altro

     'Per si dritta riga grisene Alesso VEDI:

communi, quando v' è una delle tre vocali, A e I e U, e sia l' essempio dell' A per lunga

     'Poscia il CARO tuo pastore et amato poeta,

e per breve

     'Suonano il boschi CARO, suonano i colli CARO;

in in un medesimo verso fu detto

     'Fortuna; anzi viva CARO giovine CARA;

de la I, l' essempio per lunga

     'Ma s' a le dotte voci dell' alta tu LIRA si ferma,

e per breve

     'Non con l' arco teso, ma con la dolce LIRA:

de la U, per lunga

     'O de le LUCI mie dolcissima et empia Medusa,

e per breve

     'Altazi là dove piu chiara la fiamma LUCE.

Le bisillabe cresciute o crescono nella prima o nella seconda.

Quando nella prima, se in forma di posizione, è lunga, e sia l' essempio

     'PORTO e L' ARCO meco e le dorate saette ferendo,

Se por vocale o consonante liquida posta tra la consonante e la vocale, allora, se v' è sopra l 'accento acuto, la sillaba è lunga nelle vocali lunghe e nelle comune; nelle lunghe, come in quel verso

     'Molto d'Amor FIERO con Giove si dolse Diana;

nelle comuni, come in quell' altro

     'GRATO mi fu il tutto, gratissimo Tirsi vedere.

Ma, se v' è la vocale breve, allor la sillaba è comune, si come in quel
verso per lunga nella consonante liquida

'GREDE la bella Cice vie piú fuggendomi sempre,

e per breve nella medesima

'Non CREDO fosse mai virtú pari in altra veduta,

e per lunga nella vocal liquida

'Qui tra le fonti vive son l'erbe vaghissime e' FIORA,

e per breve nella medesima

'Che coglieva FIORI con la sua bianca mano.

Se l' accento è sopra l' ultima, allor, se nella sillaba cresciuta è
vocale comune, la sillaba è comune ; e sia l' essempio per lunga

'GRIDò dalla riva d'Ombrone, vendendomi Daphni,

e altrove per breve

'Tanto GRIDò forte, che pur udilli Niso.

Ma, se v' è la vocal breve, allor la sillaba è breve, come in quel verso

'D' alta PIETÁ vago pingilo et uccidimi.

Et in tutti quei casi l'ultima sillaba cresciuta si governa per le regole
delle sillabe equali dette di sopra.

Se cresce per la S, posta innanzi alla consonante, in questo caso
o tale S è rapita dalla sillaba che e dinanzi, o no. Se elle e rapita,
come in quel verso

'Viene a la dritta vai, vien per LA STRADA novella,

allora tanto si giudica quella sillaba quanto se la S non vi fosse.

Se elle non e rapita, allora si giudica per le regole che son dette
poco innanzi, quando tra la vocale e la consonante vi è la lettera
liquida, e come van quelle cosi va questa, e però, se vi serà la lettera
lunga O la comune con l'accento, sarà la sillabe lunga. L' essempio
della lunga sia

'Se te 'l zoppo tuo SPOSO con essi prese,

e della comune con l' accento

'Ciascuno atto suo SPIRA vaghezza rara.

Se senza l' accento vi sarà la vocal comune o vero la vocal piccola con l'accento, sara la sillaba comune. E del primo sia l' essempio quel verso per lungo

'Viddi (ah lasso) come SPIRÒ quell 'alma beata,

e per breve

'L' orà SPIRÒ interno dolcissima tutta la notte.

L' essempio del secondo, per lungo

'Egli lagrimando SPESE li giorni sui,

e per breve

'Ah come male SPESI quel tempo ch' io messi in amarti.

E se queste lettere brevi non hanno l'accento, la sillaba e breve: però fu detto

Degno SPERÒ farsi già de la grazia sua.

L' ultima sillaba con l' accento ancor si governa per le regole date della bisillabe equali, che hanno l' accento in fine.

Ma, quando queste bisillabe crescono ne l' ultima, se l' accento è ne la prima, allora quelle ultime con le vocali comuni son comuni; e per lunga fu detto

'E D' ALTRA dona bellissima i guardi pietosi,

e per breve

'Son quali OMBRA loro senza essi, o candido amico.

E con le vocali brevi, son brevi, si come

'Ne' SEGUE capra lupo, né già SEGUE cerva leone.

E se l' accento è ne l' ultima; se la parola che segue incomincia da vocale, allora è breve, ancor che sia lettera lunga o comune, e sia l' essempio

'Ne' SEGUÍ egli mai il consiglio d' amici fedeli

e se da consonante, e lunga, sí come

'Quando SEGUÍ la sua cara donna il giovane emante.

Le bisillabe scemate nella prima, come ORO, ORA, API: se l' accento è sopra la prima e la lettera scemata e vocale lunga, si fama comune; e per lunga fu usata ÒRA per il vento in quel verso

'Deh mira, se molto quest ÒRA e molto presume,

e per breve, in quell' altro, ERA, ove dice

'Che da quel ch' i ERA, solo amandomi, un altro mi fanno.

Se la vocale e comune e breve, la sillaba è breve: l' essempio della comune sia questo verso

'E me guarda et AMA Lice bella, et amandoni adora,

e della breve quest' altro

'Viddero OVE un tempo sí spazioso fue.

Ma, se l' accento è nell' ultima, la prima è pur breve, l' ultima si governa per le regole delle bisillabe equali che hanno l' accento nell' ultima.

Quando sono scemate nella seconda sillaba, vi si vide la vocale innanzi l' altra vocale, come FIA, RIO, MAI. Et allora, se queste bisillabette son poste nel fin del verso o nella cesura, passan per due tempi: nel fin all verso, come

'Col vago sentiero tutti venite VOI,

nella cesura come

'Questa novella VIA, che fuor dell' altro camino;

e se son poste nell' altra parte del verso, vanno per un tempo sempre, e sia l' essempio

'Tu la CUI chiara voce, la CUI cetra le fistole avanza.

Similmente nella via del Petrarca s' usa per due tempi nel fin all verso, come

'Questa bella d' Amor nemica o MIA,

e nel principio per uno

'MIA benigna fortuna e 'l viver lieto.

Se a queste bisillabette poste in mezzo del verso segue parola che incominci da vocale, la prima è breve, e la seguente si collide, come in quell verso

'In cima del colle per la VIA erta sali.

In tutti le casi di sopra, quando l' accento è su la prima, quelle bisillabette sono brevi, o che le passino per un tempo o per due, come si può veder negli essempi allegati.

Potrebbesi forse due, che queste bisillabette, quando non sono nella cesura o nel fine, allora passino per un tempo e siano ditongi e faccino la sillaba lunga. Ma quando questo si possa usare et in che luoghi, sarà pianamente disputato e risoluto ne' dialoghi.

Quando in queste bisillabe si trova vocal liquida nella prima sillabe sí come PIEI, GUAI, QUEI, o consonante liquida come CREA , PRIA, allora, se la vocale è lunga per natura, quello bisillabe poste sulla cesura e nel fin del verso servon per due sillabe lughe: l' essempio della cesura sia

'Vuoi e non VUOI, rechimi doglia et ami;

e nel fin del verso fu detto

'Privasi d' ogn' altro ben che non stringono i TUOI.

Fuor di questi due luoghi servon per un tempo lungo, si come

'BUOI cento al sacro tempio prometto dare.

Se la vocale è comune o breve, ne' sopradetti luoghi servon pur per due sillabe ma brevi, come

'Che vi si pianti PRIA, che vi si coglia poi:

negli altri luoghi vaghono un tempo breve, come in quel verso

'O di QUEI tempi sacri pastor veramente felice.

E in tutti i casi che queste bisillabe servon per un tempo l'ultima vocale sfugge.

DELLE TRISILLABE

Le trisillabe seguitano per lo piú le regole dette di sopra, e però o elleno hanno l' accento acuto nell' ultima sillaba o nella penultima o nella prima.

Quando nell' ultima, o l' altra comincia da vocale o da consonante: se da vocale, è breve e non si fa collisione, come in quel verso

'SPEZZERÀ esto mio folgare i dardi tui:

se da consonante, è lunga, come altrove

'Diss' io d'amarti sola; TI AMERò, se casta sarai:

l' altre due dinanzi, se non v' e posizione, ordinariamente son brevi, come si vede negli esempi allegati.

Quando l' accento è nella penultima, quella è sempre lunga, senza alcuna eccezione: né s' impedisce tal lunghezza da lettera breve, come VALORE, PARERE; e però fu detto

'Del vero parto suo chiese PARERE a' dei;

ne per vocale innanzi a vocale, come DESIO, NATIO, e cosi fu scritto

'Latte, ligustri, neve, con vivo cinabro NATIO.

Ma, quando vi fosse la multiplicazione di lettere e la vocal fosse comune, allor la sillaba si fa comune; e però CRUDELE nel medesimo verso ha la prima una volta lunga e l' altra breve, cosí

'CRUDELE il cielo chiama, e le stelle CRUDELI.

Il medesimo s' intende dell' ultima sillaba se elle ha la multiplicazione, e per lunga fu detto

'Mirasi che l' elce nera ADOMBRA tutta la valle,

e per breve

'Che tra verdi rami le DIMOSTRA li frutti maturi.

Quando l' accento è su la prima, allor séguita la natura delle bisillabe, perché, se v' e la vocal lunga spogliata, a sillaba è comune, come in quel verso per lunga

'ERAVI Mirtilla e seco Phillide sempre crudele,

et in quell' altro per breve

'Tanto rari e dotti, tanto soavi ERANO.

Se le vocal, per natura lunga, è vestita, la sillaba è lunga, come in quel verso

'Allor Daphni, Meco qui POSATI, dissemi, Mosso.

Esi v' è vocal comune acresciuta, è per lunga: l' essempio sia

'Spirito gentile, del secolo nostro speranza.

Ma, s' elle non è cresciuta, è comune: per lunga fu usata in quel verso

'E se m' inganna, VADINE, d' altri sia,

e per breve in quell' altro

'Allor l' istessa venere, non SIMILE.

Ma, se v' è la vocal comune spogliata o la breve con la semplice vestitura, la sillaba è breve sempre. L' essempio della vocale comune spogliata sia

'Sempre la musa tua, ch' oggi sarebbe UMILE,

e della vocale breve con la semplice vestitura sia l 'essempio

'Nel quale essi solo tanto valor POSERO.

Ma, se la vocale breve ha la vestitura cresciuta, la sillaba è comune: fu usata per lunga cosí

'CREDESI l' antico sonno abitarvi solo,

e per breve atrove

'PIE; col dolce dito il mezzo di me PRESEMI.

L'altre due sillabe in tutti questi casi, quando l'accento è su la prima, son breve, se non v' è la posizione; ma essendovi e lunga, come in quel verso

'Tutte l'umane cure TRONCANSI al colpo di morte.

Ma la multiplicazione delle lettere non fa gia la sillaba lunga, ne comune, anzi e sempre breve, come in quel verso

'MOSTRATI tutta vaga, sempre or chiamando Imenco,

e altrove

'Canta, or luce mia; luce bella, or SCOPRITI tutta.

La vocale innanzi l' altra vocale nelle bisillabe o elle è nella penultima innanzi l' ultima, come DESIO, o ne la prima innanzi la penultima, come AITA:

Nel primo caso, o l' accento è nell' ultima o nella penultima o nella prima: se nell' ultima, come DESIO, non e dubbio che quel Si è breve e la parola passa sempre per tre tempi.

Se nella penultima, come DESÍO, è sempre lungo, come fu detto di sopra.

Ma è da avvertire che, se tal parola e poeta nel fin del verso, passa per tre tempi, come in quel luogo

'Eccomi con forze bassissime et alto DESIO:

se in altra parte, passa per due tempi, e l' ultima vocale si sfugge, come in quell' altro

'Miseri, che giova prestare ALTRUI la salute?

Ove TRUILASA fa un dattilo come chiaramente si conosce.

Se nella prima, come L'ARIA, GRAZIA, bisogna vedere due cose: prima, per quanti sillabe passano queste parole: di poi, s' elle son lunghe o brevi.

Quanto al primo dubbio, o quella vocale che è dinanzi all' altra è tale che può diventar liquida, come I et U, o non è tale, come, E, A, et O. Nel primo caso, nelli nomi che non son proprii del ordinariamente quella parola passar per due tempi solo, si già non è posta nel fin del verso o nella cesura dove passerà sempre per tre sillabe, come in quel verso

'E col corno duro tenti ferir L'ARIA.

E però contro alla regola ma per licenzia poetica COPIA su la cesura fu usata per due tempi una volta, il che è da fuggire quanto si puo, e quel verso dice cosi

'Copia la gran COPIA facciavi sempre mai.

Ma ne' nomi proprii può passar tal' or per due tempi tal' or per tre: per due, come in quel verso

'Caggiono i crin d' oro del capo di CINTHIA dorato,

e per tre in quell' altro

'E percosso sei, SCIPIO, et arso sei.

Nel secondo caso, ne' nomi proprii sempre passo per tre tempi, come

'Taglia li fieri capi, gran PERSEO, mentre da' cieli.

Quanto al secondo dubbio, è resoluto, che non solo la vocale innanzi alla vocale è breve, ma ancor l'ultima che gli e appresso, come si vede negli essempi disopra.

Nel secondo caso, quando la vocale è nella prima innanzi la penultima, o l'accento è nel' ultima o nella penultima o nella prima.

S'egli è nell' ultima o nella penultima, passa sempre per tre tempi et è sempre breve, come AITO et AITA; e sia l'essempio all prino quel verso

'Ne l' AITO la sua giovenile e florida etade,

e del secondo quell' altro

'Né può dirsi madre senza l' AITA tua,

Se nella prima, come LAURO, AERE, allora e pur trisillabo, e pur è sempre breve, come in quel verso saffico

'Alza gli antiqui LAURI e 'l canuto.

DEL RITIRAMENTO

In sette luoghi può il principio d'une dizione ritirarsi alla parola che gli è dinanzi e farla lunga, la qual per natura sua sia breve: cioè, quando la parola incomincia da S innanzi e la mute o liquide come SDEGNO-SNODA, o quando comincia da GLI, o da GNI o da SCE o da Z come ZEPHIRO, o dall' altro Z come ZOCCOLO, o dall' articulo, seguendoli appresso la vocale, come L' ALMA.

In questi luoghi, se v' è innanzi monosillaba, quella sempre si ritira o s'addoppia e farsi lunga, se breve per natura era breve sí come

'Vienne a la dritta via, vien per LA STRADA novella;

e del GLI, GNI, SCE si vede in EGLI in OGNI in ESCIVA, le quali parole hanno la prima vocal breve e spogliata, e pur son lunghe per la natura di quelle tre lettere, e cosí avvien degli altri.

Ma, se v' è innanzi parola che abbia l'accento nell' antepenultima, allor quella dizione non fa movimento alcuno nella presedente, so come in quel verso

'NOBILE SPIRTO, rara dolcezza, presenza celeste

et in quell' altro

'FUGGESI L' ALMA mia, come suol, credo, a Teotimo.

dove quella sillaba SPIR non puo fare effetto alcuno nella sillaba LE che gli è innanzi, ne manco L' AL in SI che pur l' è innanzi.

Ma, se la parola che' è innanzi ha l'accento nella penultima, è in arbitrio del poeta di ritirarla o no; e pero fu usata la sillaba per lunga avanti alla S con la consonante, cosí

'GI' INGANNI SPESSI ninfe temete pie,

e per, breve in quel verso

'Perfida donna rea, scempio e MALE SCALTRO marito.

Et avanti all' articulo fu usato la sillaba per lunga in quel luogo

'Or con i suoi dardi PUNGENTI L' ALMA mi piaga,

e altrove per breve

'E ch' a TUTTE L' ORE mi ricopro di vesti novelle.

Intervien sempre il medesimo in tutti li altri modi. E, per non esser troppo lungo, lascio di darne adesso gli essempi.

DELLE PAROLE DI QUATTRO SILLABE

Queste parole si regolano per li ordini dell' altre dette di sopra. Né ci occorre altro dire, se non che, quando l'accento e nella penultima, allora ha un altro quasi simile accento nella prima, e si regola quella sillaba come se fosse bisillaba; e per essempio sia VALOROSO, che tanto si giudica VA quanto se fosse una parola che dicessi VALO, e per le regole delle bisillabe è comune; e per breve fu usata in quel luogo

'Il VALOROSO animo sí mitiga l' orrido et aspro,

e per lunga in un verso endecesillabo

'Spirti nobili et alme, VALOROSE;

e cosí nella altre.

Se l'accento è nell' antepenultima, allora la prima sillaba si regola come la prima delle trisillabe che hanno l'accento nella penultima, e il resto si giudicano come le bisillabe che hanno l'accento nella prima. E questa regola seguono tutte le parole di piú di quattro sillabe: non ci pongo gli essempi per non essere troppo lungo.

Non lasserò già d'avvertir ciascuno: nelle monosillabe che nel collegamento raddoppiano, come TU, FA, DA, che, quando a queste segue L' articolo disteso, LA, LE LI, allora per la diversa pronunzia di Toscana si raddoppiano o no, secondo che piu piace al poeta. E pero una volta si troverà che non raddoppia, come in quel verso

'Torsero per l'altra qua DA LA manco mano,

et in un' altro luogo si vedrà raddoppiare, come

'DALLE tue chiare luci non mai levar le mie.

Non m'estenderò in dare al presente altre regole parendomi che questi possino assai bene servire. Che se pur alcuno in qualche caso restasse sospeso, potrà, credo, con l'aiuto de' versi e degli essempi risolversi; fin che poi si publicheranno i Dialogi, dove tutta l'arte, senza lassar particella alcuna, sarà minutamente raccolta e disputata.

I

In *Versi et regole* etc. a C.C. iiij *r,* in fronte dell' ode di Antonio Renieri da Colle intitolata A. MESS. PAOLO GUALTERIO è questo scheme:

Ode d'un membro. I versi son iambici di sei piedi iambi, se bene alle volte ne' luoghi imparí hanno lo spondeo; e scandosi cosí:

Temon	le	na	vi 'n	mez	zo l' on de tor	bide.
bl	b	l	l	l	b l b l	bb

II

In fronte al carme di Antonio Renieri, DEL MIO DOLORE, a carta Ciiij *v,* è questo altro scheme:

Ode di tre membri, e al quarto si muta: e i primi due versi sono asclepiadei, che si fanno d'uno spondeo, un dattilo, una cesura e due dattili; i terzi sono eroici ferecrazii, e hanno uno spondeo un dattilo et un altro spondeo; i quarti son gliconici, composti d'uno spondeo e due dattili: e si scandon cosí:

Pass' ogn'	altra va	ga	donna di	grazia
E bel	tade ra	ra	questo mio	bel sole
Che pos	to'l nido a		more	
S' ha nel	mezzo de'		suoi lumi	
ll	lbb	l	lbb	lbb
ll	lbb	l	lbb	lbb
ll	lbb		ll	
ll	lbb		lbb	

III

In fronte al carme di Antonio Renieri, DELLE SUE FIAMME, a carta D *v,* è questa schema:

Ode di due membri, et al secondo si muta. I primi versi son iambici, come quelli *Temon le navi mezzo l'onde torbide*; i secondi pur iambici, e vanno sulla misura medesima, ma hanno solamente quattro piedi, e si scandon cosí:

Spesso un	dilet	to sí	vago
ll	bl	bl	bl

IV

In fonte al carme di Antonio Renieri, ALLA SUA DONNA, a.c. Dij *r,* è questo schema:

Ode di due membri, et al quarto si muta. I tre primi versi son saffici, fatti d' un trocheo, uno spondeo, un dattilo e dur trochei: i quarto sono adonii, composti d' un dattilo e d'uno spondeo o trocheo. E cosí si scandono:

Veggio	tal vol	ta ne la	vostra	lieta
Fronte	raccor	si pura	corte	sia
Rara	beltà	di tene	rezza	molta
Grazia di	vina.			
lb	ll	lbb	lb	lb
lb	ll	lbb	lb	lb
lb	ll	lbb	lb	lb
lbb	ll			

V

In fronte al carme di Atonio Renieri, ALLA MEDESIMA, a.c. Dij *v,* è questo scheme:

Ode d'un membro. I versi iambici anapestici, di tre piedi et una sillaba; e i primi piedi sono anapesti, li altri due iambi; e scandonsi cosí:

Se li pian	ti che	soven	te
bbl	bl	bl	l

VI

In fronte al carme di Antonio Renieri, ALLA MEDESIMA, a.c. Diij *r,* è questo scheme:

Ode d'un membro; et i versi sono endecasillabi; de' quali i primi piedi sono o spondei o trocheo o iambo, i secondi dattili, i tre ultimi trochei. E si scandon a questo modo:

Quanto	l'anima	quant' i	lumi	quanto
lb	lbb	lb	lb	lb

BIBLIOGRAPHY

Alamanni, Luigi, *La Coltivazione*, Milano, 1804.
———, *Della Poetica*, 1586.
———, *La Flora*, Firenza, 1556.
———, *Opere Toscane*, Roma, 1806.
Alberti, Giovanni Battista, *Discorse dell' origine delle Accademie publiche e private*, Genova, 1639.
Aristotle, *Poetics*, trans. W. Hamilton Fyfe, London, 1932.
Aubigné, Théodore-Agrippa d', *Petites Œuvres meslées*, Genève, 1630.
Augé-Chiquet, Mathieu, *La Vie, les idées, et l'œuvre de Jean-Antoine de Baïf*, Paris, 1909.
Baguenault de Puchesse, Gustave, *Jean et Jacques de La Taille*, Orléans, 1889.
Baïf, Jean-Antoine de, *Euures en Rime*, Paris, 1881.
Baldwin, C. S., *Ancient Rhetoric and Poetic*, New York, 1924.
———, *Medieval Rhetoric and Poetic*, Cambridge, 1928.
Baragli, Scipion, *Il Turamino*, Siena, 1540.
Batiffol, Louis, *Le Siècle de la Renaissance*, Paris, 1955.
Beaulieux, Charles, *Histoire de l'orthographe française*, Paris, 1927.
Becq de Fouquières, Louis, *Traité élémentaire de prosodie française*, Paris, 1881.
———, *Traité général de versification française*, Paris, 1879.
Bellanger, Léon, *Etudes historiques et philologiques sur la rime française*, Paris, 1876.
Benloew, Louis, *De l'accentuation dans les langues indo-européennes*, Paris, 1847.
———, *Rythmes français et rythmes latins*, Paris, 1862.
Bèze, Théodore de, *De francicæ linguæ recta pronuntiatione*, ed. A. Tobler, Paris, 1868.
Bourciez, Edouard, *Précis historique de phonétique française*, Paris, 1945.
Bowra, C. M., *Greek Lyric Poetry*, Oxford, 1936.
Brinton, Crane, *Ideas and Men*, New York, 1950.
Brunot, Ferdinand, *Histoire de la langue française des origines à 1900*, Paris, 1906.
Bukofzer, Manfred, *Music in the Baroque Era*, New York, 1947.
Carducci, *La Poesia barbara nei secoli XV. et XVI.*, Bologna, 1881.
Caro, Annibale, *L'Eneide di Virgilio*, Venetia, 1581.
Castiglione, Baldassare, *The Book of the Courtier*, trans. Thomas Hoby, London, 1900.
Cézard, E., *La Prosodie latine simplifiée et expliquée*, Beaune, 1903.

Chaignet, Anselme-Edouard, *Essais de métrique grecque*, Paris, 1887.

Chamard, Henri, *Histoire de la Pléiade*, Paris, 1939.

——, *Les Origines de la poésie française de la Renaissance*, Paris, 1920.

Chatelain, Henri, *Recherches sur le vers français au XVᵉ siècle*, Paris, 1907.

Citolini, Alessandro, *Lettera in difesa de la linqua volgare*, Vinegia, 1540.

Clements, Robert J., "Anti-Petrarchism of the *Pléiade*", *Modern Philology*, 1941.

Combarieu, Jules, *Les Rapports de la musique et de la poésie considérées au point de vue de l'expression*, Paris, 1894.

Comte, Charles, and Laumonier, Paul, *Ronsard et les musiciens du XVᵉ siècle*, Paris, 1900.

Contile, Luca, *Delle Lettere*, Vinegia, 1544.

Crescimbeni, Giovanni Mario, *L'Istoria della volgar poesia*, Roma, 1714.

Dante, Alighieri, *Le Opere Minori*, Firenze, 1938.

Darmesteter and Hatzfeld and Thomas, *Dictionnaire général de la langue française*, Paris, 1890-93.

Dictionary of World Literature, ed. T. S. Shipley, New York, 1952.

Dictionnaire des lettres françaises: le seizième siècle, Paris, 1951.

Dolet, Etienne, *La Manière de bien traduire d'une langue en aultre*, Lyon, 1540.

Draconis Stratonicensis, *De metris poeticis*, ed. Godofredus Hermannus, Lipsiae, 1812.

Du Bellay, *La Deffence et illustration de la langue françoyse*, ed. Henri Chamard, Paris, 1948.

Duméril, Edelstand, *Essai philosophique sur le principe et les formes de la versification*, Paris, 1841.

Eichthal, Eugène d', *Du rythme dans la versification française*, Paris, 1892.

Einstein, Alfred, *The Italian Madrigal*, Princeton, 1949.

Elizabethan Critical Essays, ed. G. Gregory Smith, Oxford, 1904.

Estienne, Henri, *La Précellence du language françois*, Paris, 1896.

Etienne, Louis, *Histoire de la littérature italienne*, Paris, 1905.

Fabri, Pierre, *Le Grand et vrai art de pleine rhétorique*, ed. A. Héron, Rouen, 1889-90.

Faral, Edmond, *Les Arts poétiques du XIIᵉ et XIIIᵉ siècles*, Paris, 1924.

Fauchet, Claude, *Recueil de l'origine de la langue et poésie françoyse, ryme et romans*, Paris, 1581.

Ferguson, Wallace K., *The Renaissance in Historical Thought*, Cambridge, 1948.

Flaccus, Quintus Horatius, *Opera*, Paris, 1829.

Flamini, Francesco, *Il Cinquecento*, Milano, 1902.

Fouquelin, Antoine, *La Rhétorique françoise*, Paris, 1557.

Fremy, Edouard, *L'Académie des derniers Valois*, Paris, 1887.

Garnett, Richard, *A History of Italian Literature*, New York, 1904.

Giambullari, Pier Francesco, *Il Gello*, Fiorenza, 1546.

Godefroy, Frédéric, *Dictionnaire de l'ancienne langue française*, Paris, 1881-1902.

Grammont, Maurice, *Le Vers français*, Paris, 1913.

Grout, Donald, *A Short History of Opera*, New York, 1947.

Guillaume, Jules, *Le Vers français et les prosodies modernes*, Bruxelles, 1898.

Hauvette, Henri, *Littérature italienne*, Paris, 1932.

——, *Luigi Alamanni*, Paris, 1903.

Havet, Louis, *Abrégé de métrique grecque et latine*, Paris, 1894.

Havet, Louis, *Cours élémentaire de métrique grecque et latine*, Paris, 1886.
Huguet, Edmond, *Dictionnaire de la langue française au seizième siècle*, 1925-52.
Josèphe, Flave, *Apologie contre Apion Alexandrin*, Paris, 1569.
————, *Opera*, Basileae, 1544.
Kristeller, Paul Otto, *The Classics in Renaissance Thought*, Cambridge, 1955.
————, *Studies in Renaissance Thought and Letters*, Roma, 1956.
Langlois, Edouard, *Recueil d'arts de seconde rhétorique*, Paris, 1920.
La Taille, Jacques de, *La Maniere de faire des vers en françois, comme en grec et en latin*, Paris, 1573.
La Taille, Jean de, *La Famine, ou les Gabeonites ... ensemble plusieurs autres œuvres poetiques de Iehan de La Taille de Bondaroy*, Paris, 1573.
Lebègue, Raymond, "Dans l'entourage de Du Bellay", *Bibliothèque d'Humanisme et Renaissance*, 1944.
Littré, Emile, *Dictionnaire de la langue française*, Paris, 1910.
————, *Histoire de la langue française*, Paris, 1882.
Livet, Ch.-L., *La Grammaire française et les grammairiens du XVIᵉ siècle*, Paris, 1859.
Mablin, J. B., *Mémoire sur ces deux questions...*, Paris, 1815.
Marchand, Prosper, *Dictionnaire historique, ou Mémoires critiques et littéraires*, La Haye, 1758.
Martelli, Lodovico, *Opere*, Firenze, 1548.
Marty-Laveaux, Charles, *La Langue de la Pléiade*, Paris, 1896.
Masson Paul-Marie, "L'Humanisme mesuré en France au XVᵉ siècle: Essai sur la musique 'mesuré à l'antique' ", *Mercure Musical et Bulletin Français de la Société Internationale de Musique*, 1907.
Maylender, Michele, *Storia dell Accademie d'Italia*, Bologna, 1926-30.
McKeon, Richard, "Medieval Rhetoric", *Speculum*, 1942.
Meigret, Louis, *Défenses de Louis Meigret touchant son orthographe françoeze, contre les censures e les calonnies de Glaumalis de Vezelet, e de ses adhérans*, Paris, 1550.
————, *La Réponse de Louis Meigret à lapolojie de Jaques Pelletier*, Paris, 1550.
————, *Réponse de Louis Meigret à la dezespérée réplique de Glaomalis de Vézelet transformé en gyllaome des Aotels*, Paris, 1551.
————, *Traité touchant le commun usage de l'escriture françoise*, Paris, 1542.
————, *Le Tretté de la grammere françoeze*, Paris, 1550.
Momigliano, Attilio, *Storia della letteratura italiana dalle origine ai nostri giorni*, Milano, 1956.
Mothéré, J., *Les Théories du vers héroique anglais et ses relations avec la versification française*, Le Havre, 1886.
Mulcaster, Richard, *Elementarie*, Oxford, 1925.
Nolhac, Pierre de, *Pierre de Ronsard et l'Humanisme*, Paris, 1921.
Palsgrave, Jean, *Eclaircissement de la langue française*, Paris, 1852.
Paris, Gaston, *Etude sur le rôle de l'accent latin dans la langue française*, Paris, 1862.
————, *Lettre à M. León Gautier sur la versification latine rythmique*, Paris, 1866.
Pasqiner, Etienne, *Les Recherches de la France*, Paris, 1607.
Patterson, Warner F., *Three Centuries of French Poetic Thought*, Ann Arbor, 1935.
Pattison, Bruce, *Music and Poetry of the English Renaissance*, London, 1948.

Pazzi de' Medici, Alessandro, *Tragedie metriche*, Bologna, 1887.

Peletier du Mans, Jacques, *L'Art Poetique*, ed. André Boulanger, Paris, 1930.

Plutarch, *Vitæ*, Paris, 1857.

Ramée, Pierre de la, *Grammaire*, Paris, 1572.

Ronsard, Pierre de, *Œuvres*, Paris, 1949.

———, *Œuvres complètes*, Paris, 1938.

Rücktaschel, Theodor, *Einige Arts poétiques aus der Zeit Ronsard's und Malherbe's*, Leipzig, 1889.

Rudmose-Brown, Thomas, *Etude comparée de la versification française et de la versification anglaise*, Grenoble, 1905.

Scoppa, Antonio, *Traité de la poésie italienne repportée à la poésie française*, Paris, 1803.

Scott, Vzora, *Controversies over the Imitation of Cicero*, New York, 1910.

Sebillet, Thomas, *Art poetique françoys*, ed. Félix Gaiffe, Paris, 1910.

Smith, Thomas, *De Recta et emendat linguæ anglicæ scriptione diologus*, Halle, 1913.

Solerti, Angelo, *De Origini del melodramma*, Torino, 1903.

Souza, Robert de, "Les Origines du vers moderne: La Rythmique de Ronsard", *Mercure de France*, 1924.

Speron, Speroni, *Les Dialogues*, Paris, 1551.

Spingarn, Joel Elias, *A History of Literary Criticism in the Renaissance*, New York, 1899.

Statius, Publius Papinius, *Achilleis et Thebais*, ed. P. Kohlmann, Lipsiae, 1879-1884.

Strunk, William Oliver, *Source Readings in Music History from Classical Antiquity through the Romantic Era*, New York, 1950.

Suard, J. B. A., *Mélanges de littérature*, Paris, 1804.

Sweeting, E. J., *Early Tudor Criticism*, Oxford, 1940.

Symonds, John Addington, *The Renaissance in Italy: Italian Literature*, Part I, London, 1904.

Tchmerzine, Avenir, *Bibliographie d'éditions originales et rares d'auteurs français*, Paris, 1933.

Thieme, Hugo Paul, *Essai sur l'histoire du vers français*, Paris, 1916.

———, *The Technique of the French Alexandrine*, Ann Arbor, 1897.

Thomas, Antoine, *Michel de Boteauville et Les Premiers Vers Français Mesurés*, Bordeaux, 1883.

Thurot, Charles, *De la Prononciation française depuis le commencement du XVIᵉ siècle, d'après les témoignages des grammairiens*, Paris, 1881-83.

Thurot, Charles, and Chatelain, Emile, *Prosodie latine suivie d'un appendice sur la prosodie grecque*, Paris, 1882.

Tobler, Adolphe, *Le Vers Français ancien et moderne*, Paris, 1885.

Toffanin, Guiseppe, *Il Cinquecento*, Milano, 1935.

Tolomei, Claudio, *De le Lettere*, Vinegia, 1558.

———, *Harangue de M. Claudio Tolomei Ambassadeur de Siene, prononcée deuant le tres chrestien roy de France, Henri second de ce nom*, Lyon, 1553.

Torre, Arnaldo della, *Storia dell' Accademia Platonica di Firenze*, Firenze, 1902.

Trissino, Giangorgio, *La Poetica*, Vicenza, 1529.

———, *Sophonisba*, Vicenza, 1529.

———, *Tutte le Opere*, Verona, 1729.

Ullman, B. L., "Renaissance — the Word and the Underlying Concept," *Studies in Philology*, 1952.

Vasari, Giorgio, *Vies des peintres, sculpteurs et architectes*, Paris, 1939.

Vauquelin de la Fresnaye, Jean, *L'Art Poétique*, ed. Georges Pelissier, Paris, 1885.

Weil, Henri, and Benloew, Louis, *Théorie générale de l'accentuation latine*, Paris, 1855.

Wilkins, Ernest, *A History of Italian Litterature*, Cambridge, 1954.

Woodward, W. H., *Desiderius Erasmus concerning the Aim and Method of Education*, Cambridge, 1904.

Yates, Frances A., *The French Academies of the Sixteenth Century*, London, 1947.